一切都是最好的安排

❷

你失去的只是无知

把生命的无常变成奇迹

加措 〈著〉

国际文化出版公司

·北京·

图书在版编目（CIP）数据

一切都是最好的安排.2,把生命的无常变成奇迹/加措著.
—— 北京：国际文化出版公司，2016.9

ISBN 978-7-5125-0885-9

Ⅰ.①—… Ⅱ.①加… Ⅲ.①随笔 – 作品集 – 中国 –
当代 Ⅳ.① I267.1

中国版本图书馆 CIP 数据核字（2016 ）第 228582 号

一切都是最好的安排 2

作　　者	加　措	
责任编辑	赵　辉	
装帧设计	紫图图书 ZITO®	
出版发行	国际文化出版公司	
经　　销	北京紫图图书有限公司	
印　　刷	天津中印联印务有限公司	
开　　本	710 毫米 ×1000 毫米 / 16 开	
印　　张	16.5 印张	
字　　数	157 千	
版　　次	2016 年 11 月第 1 版	
	2021 年 2 月第 10 次印刷	
书　　号	ISBN 978-7-5125-0885-9	
定　　价	45.00 元	

国际文化出版公司

北京朝阳区东土城路乙 9 号 / 邮编：100013
总编室：(010) 64271551 / 传真：(010) 64271578
销售热线：(010) 64271187
传真：(010) 64271187-800
E-mail：icpc@95777.sina.net

昨天是历史，明天是未知，今天是恩赐

你失去的只是无知

　　"一切都是最好的安排"这句话出自我曾出版的一本书。自从这本书问世后，不可思议地获得了广大读者的喜爱和力量，感恩多方的支持与准备，如今第二部也将集结出版，我诚挚希望它能给每一位读者带来心灵神奇的加持和力量。

　　如今在越来越追求物质和科技生活的时代，大多数人缺少了对自身灵魂的关注，以致灵魂是空虚孤独的，这种负面情绪仿佛是一种强有力的传染疾病。生活的进步也并没有带来实质性的幸福，反而越来越多的人感到不快乐，忧伤的泪水越来越多，内心充满了焦虑与不安，由此可见，物质对心灵的改善非常有限。我们非常需要把心中本具的喜悦和自在开发出来。

2500 年前，佛陀开示给了人们很多极具加持的神奇咒语。在西藏，当人们有了苦难和烦恼，或想为了自己和他人获得幸福与内心的宁静时，会念诵观音心咒，又或有了压力和困难及想要祈福时，会念诵莲花生大士心咒。我们会念各种咒语，像在《心经》中"揭谛揭谛，波罗揭谛，波罗僧揭谛，菩提娑婆诃"这样能除一切苦的咒语。它像看不见的氧气般真实存在，也像触摸不到的安全感时刻萦绕心间，只要忆念它，它的力量就无所不在。它像珍贵的如意宝，满足人们所有的愿望。所以我非常希望，这些极具神奇的咒语能够延续下来，让佛法的智慧精华凝聚成一个对任何人都具影响力、断除痛苦的神奇语。

"一切都是最好的安排"就是这么一个能化解和消除痛苦的有效咒语。这源自于我对《楞严经》中所说"若能转物，则同如来"中所获得的启发。如果一个人无论遇到顺境还是逆境，都能转变成对自己有帮助的境界，无论遇到善缘还是逆缘，都能使之转为好缘，从佛法来讲，这个人一定会有成就。从世间生活来说，如果一个人能在不如意时，以积极的心态面对，从中获得领悟与成长，那么，不论是他的当下还是未来一定都会更加美好。

《一切都是最好的安排》这本书问世后，对很多人都起到了极大的作用。从人们的微博、微信等社交网站的个人签名，再到很多人互相之间所寄予的祝福，很多都变成了这样一个神奇的咒语。

这个咒语，让人们的内心不再纠结，不再执着，也不再追究烦恼的根本，而是学会了活在当下。这是世间富有经久能量的一句话，希望您能常常持有。"一切都是最好的安排"，不仅是答案，也是祝福与祈祷，更是一种最清净的真相，我祈愿它像温暖的光芒，驱散您心中的阴霾。

我深信，每一个人都有机会获得真正的喜乐，因为，一切都是最好的安排，它也是开启我们心灵无尽宝藏的神奇咒语之匙。

加措

2016 年 10 月

目录

第一章
幸运一直都在

第二章
不完美，才美——烦恼即菩提

第三章
人生，要学会为自己留后路

第四章
把生命的无常变成奇迹

第五章
生命，应该失去的是无知

第六章
善恶即在心念间

第七章
什么是人间

第八章
终归是初心

第一章

幸运一直都在

一切都是最好的安排

我遇到过很多人，他们有着很好的事业，优越的物质生活等等，但是内心却并不快乐，人们的内心日益浮躁。然而我们的心本具光明，无论它被多少尘埃覆盖，都丝毫不影响它本有的清澈光芒。面对总是不快乐的情绪，我们需要在心灵上做出彻底的改变。而"一切都是最好的安排"就是这样一个美妙且极具神秘力量的开始。

我们很容易发现许多显而易见的痛苦，比如生病衰老，情感生变，金钱不能永保，权力终会失去等等。然而佛陀所告诉我们最为重要的，就是只要改变就是苦，它，也被称作无常。我们这个世界没有一件事物不是因与缘的结合，它们始终都在变化，没有一样是常住不变的。

当我们无法避免因缘的结合与变换无法避免无常时，所能做的就是探索如何转换它。我们的修行就是珍惜每个无常带来的启示与教导，通过对无常的修持，转化和康复的过程便开始了，它让我们生起真实的出离心，彻底转化"一切是常"的执着，从而把充满缺憾的人生转变为究竟圆满的人生。

正如山间流动的浮云，雪山上缓缓而过的清冽之水，没有任何情绪和经历过不去。"一切都是最好的安排"这句话它既是开启我们心灵宝藏极具祝福与祈祷的神奇咒语，同时它也是能够时刻陪伴我们的强大力量。对我们来说，一开始它或许只是自我安慰，但是如果我们经常用心把这句话告诉自己告诉他人时，这种力量就会像一朵美丽的莲花在心间慢慢绽放。

当我们处于痛苦与挫折时，勇敢地面对，在逆境中成长，因为一切都是最好的安排。

当我们感到快乐与幸福时，珍惜当下，感恩过往的历练，因为一切都是最好的安排。

愿我们的世界越来越充满慈悲，每个人都能开启心中本具的智慧与光明。在"一切都是最好的安排"无尽的力量下，我们所有的经历都将成为美妙心莲的绝佳滋养，充满了自在，充满了喜乐。

无论是绵延着壮丽雪山的喜马拉雅流域、佛境西藏，还是应有尽有、千万家庭所驻息的繁华都市，在轮回这场如幻的梦中之舞中，"一切都是最好的安排"，它将陪伴我们直到一切烦恼消融。

那么，让我们在这场最好的安排下，快乐启程吧。

逃避苦难的考验，
结果是更大的苦难

人生每时每刻都需要修行，而修行中最重要的功课就是面对各种不可预知的苦境。只有扛过巨大的考验才可能有伟大的成就。即使佛陀本人，他所经历的考验一点儿也不比我们少。

实际上，每一次苦难都是生命真实的显现，也是无常给我们强有力的启示。苦难和幸福对每个人来说都是公平的，世间没有谁一生是顺畅无比的，各自都要经受百般的考验。

现实中的失败、失意比比皆是，忧虑和烦恼始终如影随形，痛苦无法完全根除，所以事事顺遂只是人们美好的愿景。但我们大多数人在面对苦难时都会表现出抗拒和恐惧，这是因为我们还不了解，苦难其实是最好的安排。可以说，苦既是人生，又是最好的修行。

就如同夏天会酷暑难耐、冬天会寒冷刺骨一样，苦是人生常态。如果不明白这一点，就会长久让自己的人生真正陷入凄风苦雨的幻象之中无法自拔。可以说，仍然有很多人执迷于痛苦，以幻为真，无法觉悟。

有这样一个富有启发的故事：秋天，上帝看视大地时，所见到的是一片丰收的景象，心里满是喜悦。没想到，有一位农夫却对他大加抱怨："我每天都在虔诚地向您祈求，几十年如一日地向您祷告，盼望再也没有乌云、没有干旱、没有冰雹虫害，一切都风调雨顺，可是年年并没有什么变化，是我不够虔诚吗？"

上帝告诉他眼前的一切正是最合理的安排。但农夫苦苦乞求道："全能的上帝，我请您答应我的祈求吧，只给我一年的时间，让这一年里再没有任何灾害降临，这样我就不再担惊受怕，吃这么多苦了。"上帝出于怜悯答应了他。

果然，在第二个年头里，农夫的田地没有旱涝灾难发生，也没有虫灾相加，庄稼长得也比以往都好，麦穗结得又大又饱满。农夫自然满心欢喜地赞美上帝。但到了秋天本应丰收的时候，农夫发现自己种的麦粒竟变得干瘪了，于是不解地问上帝到底发生了什么。上帝回答道："这就是你要的结果啊。那些麦子正是要经受各种灾害考验，才会真正地长籽结果。"

苦难和烦恼像麦子结籽一样自然，而苦难的考验却恐怕没有人愿意遇到。实质上，考验的真正含义就是，我们通过苦难去体悟生命的本相，用烦恼修出一颗清净之心，坦然面对无常的折磨，不再执迷现实粗浅的戏法和幻觉。

黎明前的天空
总是最黑的

当生活艰难，而不论你如何做，总是无法挣脱困境时，灰心丧气是很正常的事。我们必须历经哀伤、难过、愤怒、伤心、羞愧等强烈的情感，无论如何，黎明前的天空总是最黑暗的。在无常的人生旅途中，千万不要轻易放弃。相信自己，坚信自己可以再度感觉到生活是如此地充满希望及喜悦！

有一群弟子要出去朝圣。

师父拿出一个苦瓜，对弟子们说："你们随身带着这个苦瓜，记得把它浸泡在每一条你们经过的圣河，并且把它带进你们所朝拜的圣殿，放在圣桌上供养，并朝拜它。"

弟子朝圣时，走过许多圣河和圣殿，都依照师父的指示做。

回来以后，他们把苦瓜交给师父，师父让他们把苦瓜煮熟，当作晚餐。

晚餐的时候，弟子们吃了一口，惊讶地说："奇怪呀！泡过这么多的圣水，进了这么多的圣殿，这个苦瓜竟然没有变甜。"

师父回答："苦是苦瓜的本质，不会因为在圣水里浸泡过、在圣殿上供养过而改变。"

人生的痛苦何尝不是这样，不会因你获得什么学位、得到什么地位或是拜了某个神明而改变。人活着不是期待人生得到完全的满足，而是要学会在种种失意中成长，就像吃苦瓜一样，不必去奢求苦瓜会变甜瓜。

一个乐观豁达的人，能把平凡的生活变得富有情趣，能把苦难的日子变得甜美珍贵，能把繁琐的事情变得简单可行。真正有智慧的人，根本不会畏惧痛苦，反而会将生活中的每一次磨难，都转化成通往解脱的基石。

有一个故事讲到，有一头驴不小心掉进了一口井里，它的主人非常焦急，想了很多办法也无法救它上来，最后索性决定：反正驴已经老了，不中用了，而这口枯井本来就很危险，不如请村子里的人帮忙，干脆把井给填埋了。

下填的时候，井底的驴马上预料到了后果，大声嚎叫起来，大家于是加快了填土。可没过多久，令人意外的是，驴居然听天由命般地安静下来。主人忍不住往井里观望，驴的表现让他大吃一惊：往下撒落的土都被驴快速地抖落在地，然后用脚踩实。凭借这个聪明的办法，驴顺着填下去的土渐渐升高，快到井口时，它一跃而上，逃脱了厄运。

实际上，每个人的生活也是如此，每天诸多的烦恼临头，麻烦上身，我们无法改变苦的本质，但能够尽力做到不为苦所困，让它们轻轻落于脚下，踩着它渐渐上升，而不是让自己被这些痛苦掩埋。痛苦从来就是脚下的尘灰，也是最有效的修行。

人生中，快乐带给我们愉悦，痛苦带给我们回味。真正的快乐我们很难记起，但痛苦却往往难以忘却。既然痛苦不可避免，我们又无法抗拒，为什么不学会面带微笑迎接痛苦的来临呢？

时间会告别过去，平和的心态胜于一切。学会接受，学会忍受，学会珍惜，这样的人生将会更加美丽。

有人说真心不变，其实不然

我们都有过这样的幻想，幻想如果时光可以倒流，将所有的遗憾重新来一次，这样的人生该多完美呀。

可是没经历过失去的遗憾，又怎会懂得珍惜呢？

许多事，只有亲身经历过才会懂，也只有经历过许多的人，才明了该以一颗平常心，应对无常的人生。

有一个小和尚，对日复一日的禅修感到乏味，觉得时间过得太慢了，他急切地盼望自己早日成为一代著名禅师。

有一天，他对住持说："我什么时候才能像师父一样道行深远、德高望重啊，那才是我所渴望的人生境界。"

住持听了之后，当时并未发表一言，只是用手指着天边的白云问："你看那朵云是不是很漂亮？"

小和尚回答道："的确很漂亮。"

接着住持又指着身边一盆正在盛开的鲜花说："你看这盆

花是不是开得很鲜艳？"

小和尚回答道："的确很鲜艳。"

过了几个时辰之后，住持突然问他："刚才那朵漂亮的白云呢？"

小和尚答道："大概被风吹散了，看不到踪影了。"

又过了很多天，住持对他说："你去把那盆鲜花拿来，看看如今开得怎么样了。"

小和尚找到了那盆花，但花期已过，只剩下发黄的枝叶了。这时住持对他说道："看来漂亮的云、美丽的花，都不过是过眼云烟。"

这时，小和尚才明白师父想告诉他的道理。

这个世界永远都在变化中，不变的好像没有。有人说真心不变，其实不然。佛说都是常。

生命为什么痛苦不断

——因为不知无常为常

不要等被爱了，才想到要去爱；不要等寂寞了，才明白朋友的价值；不要等拥有许多后，才开始去帮助需要帮助的人；不要等错了，才记起朋友的忠告；不要等别人受伤了，才去乞求原谅；不要等分开了，才想到去挽回。

不要等待，因为我们不知道等待要花费多少时间。而且，人生并没有那么多的时间去等待。

如是，才是圆满生命的开始。

无常，是生命的真理，是既定的事实，但是对无常的认知不同，人生的方向就有所不同。

无常其实是一把双刃剑，愚者于无常中意志消沉、懈怠放逸，生活没有目标；智者于无常中化用无常，转变目前的困境，做自己真正的主人翁。

佛陀时代，有一位妇女名叫乔达弥，她挚爱的儿子在出生几天后就不幸夭折。痛失爱子的她十分悲伤，抱着儿子的尸体，到处找寻让儿子复活的方法。

有人告诉乔达弥，有一位智者佛陀，或许有让人死而复生的方法。于是她来到佛陀的住处，向佛陀诉说心中的悲痛，祈求佛陀施予良方。

佛陀听了后，慈悲地说："只有一个方法可以治疗你的痛苦。你到城里去，向任何一户人家要回一粒芥菜籽给我，唯一的条件是，这户人家没有死过亲人。"

乔达弥立刻动身往城里去。她来到一户人家问："佛陀要我向一户没有死过亲人的人家要几粒芥菜籽。"

"可我们家已经有好多人过世了。"那家人回答道。

于是，她又走向第二家，得到的是相同的回答。她不甘心，又走向第三家、第四家……最后她终于发现，佛陀的要求是没有办法办到的。因为没有死过亲人的人家根本不存在。

此时她恍然大悟，把孩子的尸体抱到墓地安葬后，回到了佛陀身边。

"你带回芥菜籽了吗？"佛陀问她。

"没有。"她说，"我开始明白了您的良苦用心。悲伤让我盲目，让我以为世间只有我一人受到死亡的折磨。请您开示死亡和死后的真相，我身上是否有什么东西是永恒的？"

佛陀说："宇宙间只有一个永不改变的法则，那就是一切都在改变，一切都是无常。你儿子的死，就是来帮助你了解我们所处的世界是无法回避的苦海……"

听了佛陀之言，乔达弥一下明白了无常才是世间的常态的真意，从而停止悲伤，进入圆满的修行之途。

其实，不用看到亲朋好友的死亡才对无常有所警惕，观察生命中来来去去的人、事、物，你会发现，哦！无常原来时时刻刻都在自己身边。意外是无常、生病是无常，生活中的每一件事无不是无常，而当我们执着于一件事物时，会习惯性地误以为这事物是常。

以万事顺遂为常，一旦遭遇波折便会痛苦萦怀；以身体无恙为常，一旦生病就会意志消沉；以快乐为常，一旦快乐的事情过去后就会感到空虚寂寞；以生为常，面对死亡就会手足无措，悲伤不止……因为不知无常为常，而使生命充满痛苦。

有人听到无常，心中常常会闪过一丝凄凉，好像一切事物终归变坏，一切努力都是枉然，既然死后一切都将化为乌有，那么生命丝毫不能体现价值。于是生活没有重心，日子一天天虚度，漫无目标。

也有些人，心想既然凡事无常，欢乐稍纵即逝，何不赶快及时行乐？于是纵身于财、色、名、食、睡五欲中，借虚妄的欢乐，填补自己心中的空虚及不安，然而往往在这短暂的欢乐过后，反给自己增加空虚与不安。

这些都是对无常的误解。既然无常是生命的真相，那么，我们就应该对事物的变化抱持开放的心态，愉悦地面对生命中所有的变迁起伏。

如何才能苦尽、甘来

　　许多人认为，修行就是要修没有痛苦的人生。而真相是，修行并不能为我们带来没有痛苦的人生，而是让我们认识人生的本质，从痛苦中得到解脱。我们无法摆脱时时要遭遇困境的现实，指望痛苦就此彻底消失才是我们常常陷入的最大困境。

　　佛陀提醒我们：人生皆苦。且不论生、老、病、死都是苦，单单在日常生活中，就难免爱别离苦、怨憎会苦、求不得苦。这是不是挺令人沮丧的？但接下来他告诉我们，痛苦不过是无常的假象，千万别信以为真。世间的痛苦不如意，只是假名而已，而众生无知，执假为真，计较人我是非，妄起贪嗔痴，才会让我们"烦躁不成眠，喜乐亦难生"。

　　有一次，佛陀必须赶往一个遥远的地方弘法，而在当时的印度，修行者唯一的交通工具就是自己的一双脚。佛陀刚开始赶路不久，就清楚地感觉到有一颗小石子在鞋子里，不断地刺痛他的脚底，让他十分不舒服。

　　佛陀一心忙着赶路，不想浪费时间，索性就把那颗小石子当作是一种修行，不再去理会它。当目的地马上就要抵达，而时间还有富余时，他才停下了急匆匆的脚步，在山路上取下鞋子，把小石子从鞋中倒出来。

　　就在他俯身脱鞋之际，看到周围的山光水色竟是如此美丽。当下佛陀便领悟到，如果只一味地忙着赶路，心思意念只专注在目的地上，那一路走来，就会完全无缘于四周景色之美。

　　佛陀脱下鞋子，把那颗小石子放在手中，赞叹道："真想不到，这一路来，你不断地刺痛我的脚掌，原来是要提醒我，注意生命中一切可能的美好，你真是我的良师啊。"

　　躲避痛苦是人的本能，就如同当你的左眼遭到攻击，右眼也会本能地闭起来。有一句谚语说得好：没经过努力和忍耐的人生，就像没放盐的菜，没什么味道。忍耐和努力的过程都不好受，但这种苦味也是人生中不可或缺的一味，而且坚持到底，将会苦尽甘来。

　　我们不是圣人，所以常走错路。其实路并没有对错之分，错的只是选择。如果在一条走错的路上，别人都愁眉不展、步履蹒跚，而我们却依旧笑颜如花、坦然前行，久而久之就成了路上的一道风景，既亮丽了别人的眼睛，也愉悦了自己的心。当我们的心不同了，脚下的路也就不同了。阳光会明媚，伤痛也会远离。但可惜的是，很多人不懂此理，常常患得患失，有时候把顺缘也变成了违缘。

　　所以，当痛苦来临，假如我们能换个角度思考，把痛苦当作我们渡过无边苦海的舟，那么无论什么违缘都可能变为顺缘，这就叫作把痛苦转化为道用。

我们只能经历，无法拥有

对一般人来说，接受"诸行无常"的看法比较困难，认为那不过是宗教高深莫测的概念，却不知这是世间最显而易见的真相。对于已拥有的美丽、爱情、权力、金钱地位的人来说，他们以为拥有了就会是永恒，但事实上呢？

在一个非常炎热的中午，佛陀经过一座森林时，忽然感到非常口渴。

于是，他对跟随者阿难说："还记得我们不久前才经过的那条小溪吗？你到那儿帮我取一些水来。"

阿难回头找到了那条小溪，但因为有马车走过，把溪水弄得非常污浊，已经无法饮用。

他回去对佛陀说："那条小溪已经被弄脏了，我们还是继续前行吧，我知道前面有一条非常洁净的河。"

佛陀却摇摇头说："阿难，你还是从刚才的那条小溪取水回来吧。"

阿难无法理解师父的固执：水质明明已经变了，为什么师父还要让我白跑一趟呢？

实在想不通，于是阿难转身问佛陀："师父，为什么您要那么坚持呢？"

佛陀并不加解释说："你再去看看吧！"

阿难只好遵从，但当他再次来到溪水边时，眼前的变化令他非常吃惊，溪水已经恢复了当初的清澈洁净，他这时才明白佛陀的用意。

阿难提着水，高兴地来到佛陀面前说："我知道了，世间没有什么东西是恒久不变的。"

什么是无常？这就是无常。无常乃世间亘古不变的事实，可我们往往要到突然遭受变故、生病、别离等迫不得已的时候，才不情愿地承认它的存在，误认为痛苦是无常带来的，殊不知，实际上造成痛苦的不是无常，而是对无常的恐惧。

我们的生活就是一幕幕因缘的聚散，生老病死，变化的相似相续。人们以为是无常带来了痛苦，其实是我们对无常的态度——希望和恐惧——让人处于持续的焦虑中。事实上对于无常，我们别无选择，只能接受，因为无常就是生活。

经常地观察自己和周遭的人事变迁，会让我们熟悉并逐渐接受无常，学会冷静理性地看待生命之流变，意识到并不是只有自己在失去、在衰老，不是只有自己会生病、经历挫折、没有安全感。每个人的生命轨迹都充满变化起伏，有得有失，没有永恒，这就是生活。

珍惜借来的一切

有一个年轻人，一直想弄清楚幸福的真谛，但他遇到的每一个人都有这样那样的烦恼，包括他自己也一样。偶然的机会，有人向他推荐一个"最幸福"的老人，他于是上门求问。

他见到了那位洋溢着幸福的老人，旁边是同样神态端庄的妻子。于是他礼貌地赞叹道："老人家，你好有福气，有这么漂亮的老伴。"

老人道："老伴还是我年轻时，花很少的钱买来的，只不过是借用的呢。"

在一旁的老太太说："你别听他胡说，我是明媒正娶的。"

年轻人不解地问："明明是你娶来的，怎么能说是借用的呢？"

老先生笑着说："我的心得就是，世间的一切都是借给我们用的，我的老伴、我的钱财、我的子孙，包括我的身体都是借用的，难道不是吗？世间的一切，我们只有使用权而已，哪里会是永久？我们的身体顶多借用 100 年，就会化为乌有，我和老伴顶多也不过是几十年的缘分而已，我们的财产、房屋，经不起地震、火灾和盗贼，一次就可能消失。所以说，所有的一切，我们只有暂时用用而已，又怎么会永远拥有呢？

我们常常被眼前暂时的喜怒哀乐的幻象所欺骗，认为某些东西，一旦得到就会永远拥有，比如钱财、名声、地位等等，这种占有欲是很可怕的，它让我们因为执着于不可把握的东西而变得痛苦不堪。如果某一天我们失去了亲人，或者是身体出了问题，或者名声受损，因此变得苦闷而消沉，岂不是自欺欺人？"

年轻人接着问："按您的想法，我们会不会变得消极？凡事都不会争取？"

老先生答道："正是因为如此，你就会随顺因缘，不再执着一切，不会产生无明的烦恼，该工作的时候工作，该赚钱的时候赚钱，该把握的时候把握，该行善的时候行善，怎么会消极呢？"

我们到人间，两手空空而来，一切都是临时的，房子、车子、票子……连父母有一天也终将离开我们，不要想在人间带走任何东西，连身体我们也带不走。所以佛说，万般带不去，只有业随身。不执着于世间万物才能放下、开悟，口说好话，多做善事，随顺因缘，不执着一切，坏缘也能渐渐转成助缘。

人生任何时候重新开始，
都不嫌迟

凡事不可能都一帆风顺，总有些烦恼和忧愁困扰我们，还是随缘好。

随缘不是放弃追求，而是以豁达的心态去面对生活。如果想到没有事事如意的人生，更没有十全十美的事物，你就会有一份随缘的心了。你就会发现，天空中无论是阴霾还是晴朗，生活的道路上无论是坎坷还是畅达，心中总是会有一份平静和恬淡。

佛陀在世时，佛教发展很兴盛。其他教派的人士见了，心生嫉妒，于是买通了一个妓女，让这名妓女在腰上绑一个木盆，假装怀孕。这名假装怀孕的妓女，趁佛陀说法的时候，突然跳出来，挺着大肚子，指责释迦牟尼始乱终弃，要释迦牟尼负责。这事一时宣扬开来，使佛教的声誉受到很大的影响。

佛陀度了自己的堂弟提婆达多出家，但是提婆达多权力欲望极重，想要取得领导权，但佛陀因他存心不良，始终不曾答应他。在佛陀晚年，提婆达多展开背叛佛教的行动，号召信众，自己组织教团，并宣传自己的法门胜过佛陀的法门。为了彻底打击佛教，取而代之，提婆达多欲置佛陀于死地，曾驱赶醉象冲撞佛陀，从山上推下大石想要压死他。

看来，即使佛陀也避免不了人世间的是非，所以他说世人所在的大千世界其实是"娑婆世界"。"娑婆"也就是"堪忍"的意思，此界众生堪于忍受诸种苦恼而不肯出离。这个世界是缺憾、不完全、不圆满的。所以众生是脆弱的，人生是非常艰苦的。

事实上，在对事业、学业、健康、生活的追求中，世人求名未必得名，求健康不一定得健康，求财富不一定得财富，经历中的点点滴滴都是苦的。

佛经上云，人生中不可避免的八种苦是：生、老、病、死、爱别离、怨憎会、求不得、五阴炽盛，这种种的苦，没有任何一个人能够例外。

《福布斯》曾经做了一个关于"个人成就"的专题，专文分析了神童昙花一现的现象、高成就基因等。其中有篇文章叫《我们都是失败者》，提到石油大亨保罗·格蒂曾经是全球首富，但他哀叹道："我痛恨失败，我愿意拿出我全部的财富，换取一个美满的婚姻。"就连美国总统克林顿也说自己是一个失败者。

人生既不是一幅美景，也不是一席盛宴，而是一场苦难。

不幸的是，当你来到这世界那一天，没有人会送你一本生活指南，教你如何应付命运多舛的人生。也许青春时期的你曾经期待长大成人以后，人生会像一场热闹的派对，但在现实世界经历了几年风雨后，你会有所醒悟，人生的道路依然布满荆棘。

无论你是老是少，都请不要奢望生活越过越顺遂，因为你会发现大家的日子都很难熬。再怎么才华横溢、家财万贯，照样脱离不了颠沛困顿。人人都要经历某种程度的压力和痛苦，而且难保不会遇上疾病、天灾、意外、死亡及其他不幸，谁都无法免疫。

灾难总在不经意之间来敲门，然而大部分时候，实际情况远不如表面那么糟。好事不长久，坏事也一样。所有事情迟早都会起变化，吉化凶，险化夷；盈转亏，亏转盈。这就是人生，重新开始，永不嫌迟。别指望你的痛苦会有停止的一天，因为那时你已经不在人世了。

第二章

不完美，才美

——烦恼即菩提

接受自己的不完美当下，你就见到了繁星

　　如果你相信你的眼睛所看到的真实，眼睛的感官一定在欺骗你的心。即便你相信了自己的心，你的心也不会一直忠诚于你，人心在变，环境在变，心情也会跟着感觉走！在这个虚幻多变的内外世界里，找不到你所向往的完美，也靠不上值得信任的依赖，除非你能乐观面对当下的存在，忘却曾经与未来！

　　美国著名的心理学家戴尔·卡耐基曾经引用特玛·汤普森女士的一段真实的故事来讲述内心转化的奇迹：

　　战争期间，我丈夫驻守在加州靠近莫哈韦沙漠的一个军营里。为了能时常跟他在一起，我搬到了那附近居住。但不久他就被调到莫哈韦沙漠演习去了，剩下我孤零零的一个人住在小木屋里。那儿的气温高得令人难以忍受。在仙人掌的阴影下，温度仍然高达 125 华氏度，连个鬼影也见不到，成天刮着狂风。我吃的食物全都沾满了沙，空气中也充斥着沙，到处都是沙、沙、沙。

情况非常悲惨，我觉得自己可怜极了，便写了一封信给我的父母，告诉他们我已经准备打道回府。我说我再也不能忍受了，与其待在这里，我宁愿被关进监狱。父亲回了我一封只写了两行字的信，这两行字一直在我的脑海里跳跃，我的生命因为它们而完全改观：

两名囚犯同时望向铁窗外，

一个看到了泥淖，另一个则见到了繁星。

由于父亲的启示，汤普森女士开始主动与沙漠中的土著为友，并且对他们的生活及文化发展出真诚的兴趣。她研究当地的土拨鼠，等待沙漠里的夕阳，找寻数百万年前当沙漠还是海底时所遗留下来的贝壳。她发现了一个神奇的新世界。

汤普森不仅改变了自己的境遇，也成为"平常中见奇迹"的导师。她告诉我们她的发现与洞见：

"是什么东西带给了我如此巨大的改变？莫哈韦沙漠一直没变，真正改变的是我自己的心。我将原本悲惨的经验转化成我一生中最刺激、最意想不到的体验……我从心牢的铁窗往外一望而发现了繁星。"

汤普森女士所发现的真理，最重要一点就是承认自己看到的真相，一旦学会如实地接受它，即使真相是一场悲剧，也有一种解脱的效果。

困境乃是人生的真相。大多数人因为没认清自己是受限的凡人，所以会期待安逸的人生，因没有达到期望中的安逸而制造了更多的痛苦，所以才会去做一些能力范围之外的事，去掌控那些不可能被掌控的东西。凡夫甚至还幻想着，如果足够努力，也许可以找到一个毫无问题的人生。

痛苦就来自我们的无明。

人生有许多无法掌控或避免的事：老化、生病、意外、失业……虽然这些都是我们不想面对的问题，但我们始终要学会接受自己处境的不完美，接受自己的脆弱与缺憾，承认我们每一个人并不是全能的，我们的人生也不可能是完满的。只有真诚地接受它们，才是真正的解脱之道。

河流入海，
不会一直是笔直的

有时，懂得如何避开问题的人，胜过知道怎样解决问题的人。很多时候，当我们不知道怎么办的时候，请选择随顺因缘，也许这就是最好的选择。

水常常被看作自然和智慧的显现，虽柔弱，却能穿岩破石，以惊人的力量破除障碍……"上善若水"，智者称它善利万物而不争。我想，这就是它面对任何状况都能顺其自然的本性吧。

曾经有一位佛学院的禅师在上课时，随手展开了一幅地图问道："这幅地图上的河流有什么显而易见的特点？"

底下的学僧们很快总结道："没有一条河是笔直的，都是弯弯曲曲的。"

禅师继续问道："为什么河流从不走直线，那岂不是更为顺畅，而偏偏要走一条蜿蜒曲折的道路呢？"

　　学僧们七嘴八舌地议论开了，有人说，河流弯曲可以拥有更长的流程，也就增加了它的流量，当洪灾暴发时，就能够得以缓解；有人说，由于弯曲，能减弱对河岸的冲击；有人说，河道弯曲是地形使然，等等。

　　禅师总结道："你们的说法不无道理，但在我看来，河流之所以弯曲，最根本的原因就是，曲折前行是自然界的常态，而走直路则是非常态。河流在流动前行的过程中，必定会遇到各种各样的障碍，比如高山相阻，这样的障碍是无法逾越的。但它并未调头转向，而是迂回而行，巧妙绕开各种障碍，尽管曲折如此，却最终到达了目的地，抵达遥远的大海。"

　　讲到这里，禅师开解道："人生何尝不是如此，坎坷曲折几乎是人间常态，没有人能够如此幸运地走出笔直顺畅的道路，遇到坎坷、挫折时，全看你对待它们的心态，在这种生命流动的正常状态中，悲观和抱怨不但毫无道理，而且于人生无益。"

　　对于人生来说，每个人的心也像这流水一样，虽是日日精进，但本性中的贪嗔痴却会给前行之路设下种种障碍。调伏内心自然不会一帆风顺，河流如是，修行亦然，只须精进就好。

　　正如河流入海，虽遇高山相夹，恶滩相阻，但哪怕忍受扭曲，也仍然奔腾向前，因为这是自然常态。那么，在日常生活中，当我们事业受挫，或为情所困，或是遭受诽谤，或是人事纠纷，只要视之为常态，不执着于"万事一定要顺顺利利、合乎心愿"的妄念，何处不是清凉世界、自在人生？

『黑有什么可怕，天黑好赶路』

逆境使人成熟，绝境使人醒悟。麦穗越成熟，就越懂得弯腰，而人越懂得弯腰，才越成熟。不要把别人对自己的放弃，变成自己对自己的放弃。

人生的日子，都是越过越少，剩下的日子，都是越来越重要。

所谓顺其自然，并非代表我们可以不努力，而是努力之后，我们有勇气接受一切的成败。

当你受到意外的打击时，与其逃避，不如将困境视为成就的难得机会。没有困境，何来觉醒，生命选择开放的姿势，就能包容一切，化生世间任何一种情境。

曾经，有一位声名显赫的女明星一直被流言所扰。有人说她私生活不堪，耍大牌，被包养，还有人说她挪用慈善经费，挥霍无度，道德败坏。

负面报道铺天盖地，甚至在她演出的时候，有人向她扔香蕉皮，还有人打电话恐吓威胁她。一时间，她在舆论的高压下不敢出门。

因为这些无端的指责，她不知所措，终日精神萎靡，失去了往日的风采。

有一位好友见状，安排她去拜访了一位禅师。于是，她把心中的所有苦闷向禅师一一倾诉。

不料禅师听完后却大笑起来："我倒认为你的影子还不够黑。"

她大为不解，一向德高望重的禅师也像旁人一样在奚落她。当她愤愤起身欲走时，身旁的好友却拦住她说："先听完大师的话再走吧。"

禅师接着说："你走在一条阳光明媚的大路上，太阳难免会在你的脚下制造影子，你若是走在漆黑的夜里，还能找到影子吗？"

她若有所悟，继续问："为什么我心里的苦闷比漆黑的长夜还要难挨呢？"

禅师答道："黑有什么可怕，天黑好赶路。"

受到启发的她，开始全身心地投入自己的工作之中，无暇顾及那些流言蜚语，渐渐走出心里的阴影，取得了非凡的业绩，屡次斩获国内外演艺大奖。在一次颁奖盛典上，主持人问她："为什么那些负面传闻似乎并没有影响到你？"

她只是说了一句话："天黑好赶路。"

黑影只产生在有光明的地方，我们之所以看到黑影，正是因为我们站在阳光下，所以不必介意黑影。

逆境违缘就好比是脚下的黑影，只是当我们低着头，执着于它，视线无法离开脚下，才会陷入迷失和痛苦之中。而只要抬起头来，昂首挺胸地大步前进，才能将烦恼从视野中驱除，心无旁骛地上路。

这不是一个强求的世界

我们感受不到的，其实从未发生，比如爱；我们体会不到的，也未曾有过，比如情；我们追不到的，也不用等待，比如心。

这不是一个强求的世界。一切因为我们发生的，都不会离开；一切因别人发生的，都是过客。我们都只是娑婆世界的一粒微尘，做好每个人自己就足够了。

有这么一个故事，在一个热带地区，有一位传教士决定带几位教区的村民乘坐飞机，让他们感受一下飞行的兴奋。当他们乘坐飞机飞越过他们的村庄、群山、河流、森林时，村民们只是偶尔向窗外望去，丝毫没有传教士所期待的兴奋感。

飞机落地后，村民们从飞机上走下来，没有人因为这次神奇之旅而心情有什么不同。传教士急着想知道他们的感受，于是问他们："这难道一点儿也不神奇吗？我们飞到了天上，越过房屋，越过树林，越过高山，见到你们从来也没有见过的东西。"

村民们一脸漠然，其中一个村民表示："这并没有什么了不起的，昆虫也能飞，鸟也能飞，而且更重要的是，它们飞起来非常高兴。"

1993年诺贝尔经济学奖获得者罗伯特·福格尔说，美国人获得的生活舒适程度甚至是100年前皇室贵族所无缘享受的，但又有几个美国人的幸福感真正超过了百年前的皇室贵族呢？

西方神经学专家的研究告诉我们，人类感受快乐和幸福的潜能是有限的。我们原以为只要随着财富的增加，我们就会变得越来越快乐，事实并非如此，我们仍然受到新烦恼的搅扰，即使我们拥有更先进的设备和更舒适的条件。人的烦恼从来没有中断过。

美国经济学家理查德·伊斯特林研究的结论是：就财富和幸福的关系而言，只有在贫穷国家，总体生活满意度才与平均收入呈正比关系。只要最低生存标准达到了，这种相关性很快就会瓦解。

人的欲望永无止境，在这个物欲横流的社会里，生活有太多的烦恼，要适时调整自己，懂得取舍，减轻自己的负担。

幸福一直都在

　　许多人都在刻意追求所谓的幸福，有的虽然得到了，却付出了很大的代价。

　　智者说幸福是一种感觉，就如同"佛"在你我心中。幸福的感觉，随满足程度而递减，与人的心境心态相关。得之愈艰，爱之愈深，拥有幸福，常思艰难。一个人总是感觉不到幸福，是自己最大的悲哀。

　　幸福是一种感觉，不知足永不会幸福！

　　《普曜经》上说："你对于欲乐的欣悦，将像饮用盐水一般，永远无法带来满足。"

　　而人类为何要自讨苦吃呢？大多数人终其一生穷尽各种手段，浪费大量金钱、时间和体力去追逐毫无裨益的事物，把生活弄得繁琐之至，终于像蜗蝓一样压垮了自己。

　　一位智者说："谁都无法背着包袱游上岸。"

　　所以，卸下多余的欲望，甩掉那些剥夺了个人时间、空间、金钱、体力的包袱，摆脱无法提升生活品质的累赘，你的生活将大为改善。

　　曾经，有个名噪一时的画家想画佛和魔鬼，但是在现实中找不到他们的原形，所以很着急。一天，他在寺院朝拜的路上偶遇了一个人，被他身上的那种气质深深地吸引了，于是他上前对那人许以重金，条件是他给画家当一回模特。

　　画家的作品完成后十分轰动，画家说："那是我最满意的一幅画，因为那人身上具有一种清明安详的气质，让人一眼便认定他就是佛。"

　　画家按承诺付给了那人很多钱。

　　又过了一段时间，他准备画魔鬼了，但这又成了一个难题，到哪里去找一个合适的原形呢？他探访了很多地方，找了很多各种各样相貌凶恶的人，但没有一个人的形象让他满意。

　　最后，他终于在监狱中找到了非常符合他心目中魔鬼标准的人。而当他面对那个犯人的时候，那个犯人突然在他面前失声痛哭。画家很奇怪，就问怎么回事。

　　犯人说："我就是你当初画佛时找的那个人。"

　　画家非常吃惊地说："不可能，我画佛找的那个人气质非凡，而你看起来活脱脱就是一个魔鬼。"

　　那个人肯定地说："是你把我从人变成了魔鬼。"

　　画家问："我做了什么让你变成了魔鬼？"

　　那个人说："自从得到你给我的那笔钱以后，我就去花天酒地、寻欢作乐。到后来，钱花光了，而我却已经习惯了那样的生活。于是我就抢钱，还杀了人，只要能得到钱，什么样的坏事我都去做，结果就成了今天这个光景。"

人生的痛苦，很大部分来源于对未拥有的执着。我们对金钱欲乐孜孜以求，一旦得到了盼望已久的东西，又会很快厌倦，马上又把注意力转移到其他目标，所以永远贪得无厌。

有位智者说："成功就是得到你想要的东西，快乐就是接受你得到的东西。"一位好莱坞明星曾经说："不管你的床铺多么宽大、多么柔软、多么温暖，你还是得起床。"

你可以算算自己拥有多少看起来微不足道的好福气，然后慢慢享受那些你早就拥有，却从未珍惜的福分，再想想忙碌的生活让你放弃、损失、遗忘了哪些值得珍惜的事物。

人之所以活得累，一是因为太认真，二是因为太想要

人之所以活得累，一是因为太认真，二是因为太想要。欲望和诱惑，迷乱了心，常常让我们挣扎在追求与放弃之间，纠结在取舍与得失之间。其实，当我们快乐时，就要想这快乐不是永恒的；当我们痛苦时，就要想这痛苦也不是永恒的。

"放下"两个字是佛教中反复出现的用语。

据说释迦牟尼佛时代，有一位五通梵志，这位梵志很会说法，有很多人慕名来聆听，天上的神人也来听，还会有天女散花，甚至他还感动了阎罗王来听法。

阎罗王听了法后非常感动，但他知道梵志的寿命已快到尽头，而且死后，既不是升天也不是成道，而是要到地狱里受审。阎王十分不解，这么一个能说会道的修行人，怎么会是这种结果？

阎王深感忧愁，梵志看到了，就问阎王为什么烦恼？阎王道："你说法说得这么好，感动天女散花，可惜你快死了，死了以后要到阎王殿来受审，因此我感到非常悲伤。"

梵志一听，赶紧问阎王有没有方法能得到解脱。阎王回答："我自己也是在生死轮回当中，所以没有方法让你得到解脱，你还是去请教释迦牟尼吧。"

于是，梵志立刻拿了两束花，去拜见释迦牟尼。梵志见到佛陀时说："世尊，我不求名、不求利，我是来求道的。"佛问他："道有大乘道、解脱道，大乘道是上求佛道、下化众生、广积福慧资粮，要修三大阿僧祇劫，才能圆成佛智；解脱道是在我们这一生就了生死、证涅槃，你要求什么道？"

梵志回答道："世尊，佛道实在长远难求，我就求解脱道吧。"佛陀道："好！那么你现在'赶快放下'。"梵志听了，弄不清要放下什么。

佛陀说："你手上的花要放下。"梵志就把花放下，两手合掌，恭敬地等待佛陀开示微妙法门。

但佛陀接着又道："放下！"梵志一听，非常迷惘地说："世尊，我已把花放下了，还要放下什么呢？"佛陀说："你这两只手也放下。"梵志于是恭恭敬敬地把手放下，但是心中充满了疑惑，心里不停地想："花放下，手也放下，这是什么道理？我在洗耳恭听，为什么没有说法？为什么还要放下？这是什么意思？"

这时，佛陀又说："还要放下！"梵志就问："世尊，我身上什么东西都没有了，还要放下什么呢？"佛陀说："把你能想的这个心也要放下。"

既然快乐和痛苦都不是永恒的，当生起妄念的这颗心也能放下的时候，我们就不会为取不尽的欲望、放不下的执迷而痛苦，烦恼自然就消失了。

『可以在水里游泳，但不要奢想自己是一条鱼』

　　从前，山上的一座寺院里有一头驴，每天都在磨房里辛辛苦苦地拉磨。日复一日，这头驴简直厌倦了这样单调无趣的生活。它无时无刻不在盼望着，要是有一天能走出磨房，出去看看外面的世界，再用不着埋头拉磨，那会多么美好。

　　终于有一天，山上的僧人带着它下山去驮运货物，它兴奋得不得了。

　　驴跟着僧人到了山下后，僧人把货物绑在它的背上，然后牵着它返回。一路上，让驴感到非常意外的是，所有路上的行人看见它，就立刻虔诚地跪在一旁，对它顶礼膜拜。刚开始的时候，这头驴还感到不知所措，竟有这么多人对它如此恭敬。到了后来，见得多了，这头驴就开始趾高气昂了起来。

　　回到了寺院，驴自认为身份高贵，否则人们怎么会如此礼遇它呢？于是死活再也不肯拉磨了。僧人拿它没办法，只好放它下山。

这头驴一下山，就看见一伙人敲锣打鼓迎面而来，心想人们一定是来欢迎它的，于是大摇大摆地迎了上去，准备接受人们的恭迎。没想到的是，那是一个前去迎亲的队伍，眼看着被一头驴拦住了道路，人们于是一拥而上，对它棍棒交加。

被打伤的驴慌忙逃回了寺里，它对今天的遭遇感到十分不解，于是向僧人埋怨起来："没有想到人心如此恶毒，为什么我头次下山时，他们对我顶礼膜拜，而今天他们竟然对我拳脚交加？"

那位僧人叹道："真是一头蠢驴！那一天，人们跪拜的是你背上驮的佛像，哪里是你呀！"

驴的所有遭遇，归根结底，是因为他没有看清自己的位置，没有对自己进行准确定位。

可以在水里游泳，但不要奢想自己是一条鱼，否则会淹死；可以向鸟学习飞翔，但别以为自己就是一只鸟，否则会摔死；不要因为自己的权势、金钱、名望而沾沾自喜，会伤己不浅的。

为自己准确定位，这是达到心净、心定境界的基本起点，然后开始去除身上的三毒——"贪嗔痴"，才能更好地精进，逐渐地明心见性。

每个人都有自心的净土，如果我们不能认知到这一点，光在外相上追求，那只会离道愈来愈远。

抱怨多了，
愁的是自己；
惆怅多了，
苦的还是自己

　　我们每个人都有自己的故事，有自己的痛苦，对于痛苦，有的人会淡然而过，有的人会困在其中。

　　人生在世，最重要的是要快乐！一切看淡了，心也就不累了。万事不要强求，否则只会给自己带来无尽困扰，只会给自己带来痛苦，只会让自己不开心。

　　钱多钱少，够用就好；有爱无爱，开心就好！把事情变复杂很简单，把事情变简单很复杂。这个世界既不是有钱人的世界，也不是有权人的世界，它是有心人的世界。一个人幸运的前提，其实是他有能力改变自己。经营自己的长处，能使人生增值；经营自己的短处，会使人生贬值。

　　人生无常，有逆境就有顺境，一切由心造！任何事都是从一个发心、一粒种子开始。不管多远的路，也能走到尽头，不论多深的痛苦，也会有结束的一天。背负明天的希望，在每一个痛并快乐的日子里，才能走得更加坚强；怀揣未来的梦想，在每一个平凡而不平淡的日子里，才会笑得更加灿烂。

生活不会因我们的抱怨而改变，人生不会因我们的惆怅而变化。你怨或不怨，生活都一样，你愁或不愁，人生不会变。抱怨多了，愁的是自己，惆怅多了，苦的还是自己。

把不愉快的过往，在无人的角落，折叠收藏，告诉自己：我可以不完美，但一定要真实；我可以不富有，但一定要快乐！

人生，有缺失才会有希望，有遗憾才会有珍惜。花开花灭，生老病死，都为定数。万物皆不完美，人生总有缺憾。

我们要以完美的心，接受并不完美的人生。所谓的完美，其实只是来源于我们的心灵。只有真正懂得包容不完美的人，才能获得更多完美。

要转化困境，
首先得转化心态

　　我们一生所遇到的困境数不胜数，大至各种灾难、病痛、变故，常给人带来意外的打击，使人痛苦不迭；小至各种人际纠纷、诸事不顺，都会给我们心里添堵。

　　有一天，森林中举行动物大会，狮子被评选为百兽之王，但他却在大家面前坦白说："感谢上天赐给我如此雄壮威武的体格，如此强大无比的力气，让我有足够的能力统治这整座森林，不过我还是有烦恼困扰。"

　　大家很奇怪，强大如狮子一般的百兽之王竟然还会有烦恼，纷纷好奇地问："大王，还有什么能困扰你的？"

　　狮子说："尽管我再强大，可是每天鸡鸣的时候，我总是会被鸡鸣声给惊醒。我希望上天能再赐予我不再被鸡鸣所打扰的力量。"

　　这时，素有智慧先者之称的猿猴站出来对狮子说："大王，你去找大象吧，也许它能告诉你如何获得这种力量。"

　　于是，狮子兴冲冲地赶到湖边找大象，还没见到大象，老远就听到大象跺脚发出巨大的声音，像是在大发脾气。

于是狮子好奇地询问大象："是什么让你如此愤怒？"

大象摇晃着耳朵吼道："有一只讨厌的小蚊子，总想钻进我的耳朵里，弄得我浑身难受，但我还拿它没办法。"

立刻，狮子就醒悟了，心想："原来体型这么庞大的大象，还会怕那么弱小的蚊子。相对于我来说，鸡鸣也不过一天一次，而蚊子却是时时刻刻地骚扰着大象。这样一想，我要比它幸运很多。原来猿猴要我来看大象，就是想告诉我，谁都会遇上麻烦事，即使大象也不例外。既然如此，那我接受好了，反正以后鸡鸣时，我就当作它在提醒我该醒来了，这么一想，鸡鸣声对我还有益处呢！"

要相信现在所遭遇到的困境都有它存在的理由，或许是为了能让我们在最艰苦的时刻反省自己的短板，或许是为了提醒我们人生需要新的充电，走向新的征程，激励我们通过磨炼获得崭新的蜕变。

困境是可以被转化的，要转化困境，首先得转化心态，时时以感恩的心态去面对生活中发生的所有事情。困境是上天赐予我们最好的礼物，我们应该对困境心存感恩，因为它唤醒了我们的勇气，激发我们勇敢对抗的信心和力量，让我们的心灵得到成长，而不至于懈怠。

人生已多磨难，要学会为自己鼓掌。不苛求自己，不虐待自己，不折磨自己，无论遇到何种困境，学会对自己说：算了吧，没关系，一切终将会过去。要像孩子一样纯真，像阳光一样温暖，像向日葵一样坚强。让心，在阳光下舞蹈，给生命一个大大的拥抱，携一抹微笑，与洒脱同行。

人犯错误，
大多是该用真情时
太过动脑筋

放下，就意味着你要接受现实，不要去缅怀过去的悲痛，也不要去奢求未来的不可能，更不要企图报复现有的不公平。要学会满足，要学会宽容，要学会快乐，要学会对自己好一点……学会放下，坦然面对世事，世事不过一盘棋；知晓从容，潇洒漫步人生，人生百年梦幻间。

生活是开水，不论冷热，只要适合的温度，就是最好的；生活是口味，不论酸甜苦辣，只要适合的口感，就是最好的；生活是旋律，不论快慢，只要适合的听觉，就是最好的；生活是季节，不论春夏秋冬，只要适合的心情，就是最好的；生活，不甘寂寞也好，甘于寂寞也罢，只要适合自己，就是幸福的。

人生，是一趟有去无回的旅程，一路颠簸流离。有些事让我们刻骨，有些人令我们难忘，有些景让我们不舍。告别一段又一段路途，走入一处又一处风景，回首时才发现，我们苦苦追求的，并非辉煌，而是一种经历；寻找的并非成就，而是一种无悔；想要的并非精彩，而是一种做人的本色。

经验是从痛苦中萃取出来的。智者顺时而谋，愚者逆时而动。人犯错误，多半是在该用真情时太过动脑筋，而在该用脑筋时又太感情用事。学会宽恕就是学会顺从自己的心，"恕"字拆开就是"如心"。凡事能站在别人的角度为他人着想，这就是慈悲。

快乐，不仅仅是得到你想得到的东西，更多的在于已经拥有的是否仍对你有吸引，是否让你牵挂和珍惜。人生就像一扇门，有人悲观于门内的黑暗，有人却乐观于门内的宁静；有人忧愁于门外的风雨，有人却快乐于门外的自由。人活的就是心态，保持一个快乐的心态，平和处世，珍惜拥有，人生就是一个快乐的净土。

人生最难得"心安"二字。所谓"心安"，就是心里没有后悔的事、没有亏心的事、没有想不开的事，不为名所累、不为利所役，清清白白做人、干干净净做事。如果患得患失，心浮气躁，人生就会疲惫不堪，了无生气。唯有保持一颗宁静的心，不眼热权势，不艳羡富贵，活得纯粹，活得自然，才能求得一个心安。

人生最大的痛苦缘自追求完美，要知道，真正的光明并非没有黑暗的时刻，只是永远不为黑暗淹没罢了。我们的生活也是一样，忍着疼痛奔跑，带着泪光微笑，这才是真正的生命。

人生三件事——自己的事，
别人的事，老天爷的事

我们的生活中，不外乎三件事：一件是自己的事，就是自己能安排的事情；一件是别人的事，就是别人主导的事情；一件是老天爷的事，就是我们能力范围以外的事情。

人的烦恼，往往来自于忘了自己的事，爱管别人的事，担心老天爷的事。要轻松自在不难，只要管好自己的事，少管别人的事，不操心老天爷的事。

当你对自己彻底失望的时候，当你的生活陷入困境的时候，当你的梦想不能付诸现实的时候，想想曾经有多少人因为你的存在而获得过幸福和快乐。一个人的存在，影响着太多太多的人事物，不要看轻自己的价值。为什么老天不给好人以回报？老天让你成为好人，就是最大的回报。感谢生命中所拥有的一切吧！

　　人都有遇到挫折的时刻，我们需要耐心，满怀信心地去等待，去努力，相信生活不会放弃任何人，机会总会有的。这世界，比我们不幸的人远远多于比我们幸运的人。路要一步步走，虽然到达终点的那一步很辉煌，但大部分的脚步是平凡且枯燥的，可如果没有之前这些脚步，我们终归是无法迎来最后的欢喜与成功。

　　我们常说，比天空和大地更远的距离是人与人的距离，因为人心里都会藏匿太多的猜忌和戒备。很多时候我们背负着责任、情义疲惫地走着，总希望走啊走啊能够看到艳阳，可常常是无论我们怎么努力，始终摆脱不了阴霾。其实，想要快乐不难，甩开生命中那些过于沉重，却又不真正属于你的行囊吧，轻松上路。

　　幸福其实就是一种感觉，就像一盏烛光，当你穿行在万家灯火，总有一片暖暖的萤光照亮你回家的路；就像一抹回味萦绕在心际，甜酸苦辣都是曾经的追逐；就像一份渴望，当憧憬岁月的皱纹爬满额头，仍能坦然欣喜而无愧无悔。幸福就是一杯想象，梦想着把平凡的谷米酝酿成甘露的芬芳，然后用生命守候与珍藏。

第三章

人生，
要学会为自己留后路

做人不要做得太绝，
做事不要穷追不舍

　　做人要留退路，做事要留余地只。要我们存有宽广之心，做人不要做得太绝，做事不要穷追不舍，便会发现，脚下的路其实很平坦。

　　人不是生活在一时一刻，也不是与人只有一次接触，聪明的人懂得给自己留退路，懂得给他人留余地。表面上是宽容了别人，而实际上也是在为自己铺路，否则，就会陷入死胡同。

　　没有永远不被毁谤的人，也没有永远被赞叹的人。当你话多时，别人会批评你；当你话少时，别人也会批评你；当你沉默时，别人有可能还是会批评你。在这个世界上，没有一个人没被批评过。不要因为众生的怀疑，而给自己烦恼；也不要因众生的无知，而痛苦了你自己。走自己的路，让他们去说吧！

一个人为什么迟迟不成就，关键就是心比天高，认为自己能力大于天，但又不愿沉下来脚踏实地，专注做事，总是这件事情没完成，又想着去做另一件，于是每件事情都没有结果。

曾经，有一位立志成为亿万富翁的先生，放弃了稳定的工作开始创业。几年间，他开过旅行社、咖啡店、花店，等等，可是每次都以失败收场，家庭因此也陷于困境。他的太太无法说服他放弃不切实际的想法，于是请求一位高僧帮忙。高僧了解情况后说："请你先生来寺庙一趟吧！"

那位先生来到庙里后，高僧把他带到庭院中，那里满是茂密的老树。高僧拿起一支扫把对他说："如果你能把庭院的落叶扫净，我就把赚到财富的秘诀告诉你。"

这位先生半信半疑，于是接过了扫把，开始卖力地扫地。好不容易就要打扫完了，准备拿起畚箕畚起落叶时，回头一看，那刚扫净的地上又落满了树叶。

于是，他加快了扫地的速度，希望能赶上树叶掉落的速度。但经过一天的努力，地上的落叶还是跟刚来的时候一样多。

这位先生觉得受到戏弄，怒气冲冲地找到高僧质问。

高僧说："你的欲望像地上扫不尽的落叶，掩盖了你的耐心。你心上有一亿的欲望，可惜却只有一天的耐心。"

夫妻俩离开寺院时，高僧对他们说："在你们回家的路上会经过一个谷仓，里面有一百包麻袋装的稻米，如果先生愿意把这些稻米搬到谷仓外，在稻米堆后面有一个宝物箱，里面是善男信女捐赠的金子，就当作先生扫地和搬运稻米的酬劳。"

返程的路上，夫妻俩果然看到了那间谷仓，正如高僧所言，里面堆满了稻米。想到那些金子，这位先生开始把稻米搬到仓外。快搬完时，他看到后面藏有一只箱子，于是他急不可耐地打开宝物箱。

只见箱内有一小包麻布袋，他打开布袋，伸手去掏摸时，发现根本不是什么黄金，只不过是一把种子而已。失望之下，他愤怒地把手中的布袋扔在地上。正准备转身离开时，却见高僧出现在眼前。高僧捡起那包种子对他说："你刚才所搬的百袋稻米，其实都是由这一小袋的种子费时四个月长出来的。你的耐心还不如一粒稻米的种子，怎么听得见财富的声音？"

要成就多大的伟业，就要有多大与之相匹配的耐心，毫无捷径可走。有了足够的耐心，时间便会送给你想要的一切。

超过自己承受范围的欲望，
只会让自己
陷入痛苦的深涯

曾有人问禅师："世上最可怕的是什么？"

禅师毫不迟疑地说："欲望。"

见那人一脸疑惑，禅师便给他讲了一个故事。

从前，有一个僧人惊惶失措地从树林中跑出来，正好碰到两个非常要好的朋友在林边散步。他们见状，忙问僧人："发生什么事了，为什么这样慌张？"

僧人说："太可怕了，我在树林中挖出了一堆黄金！"

那两个人心里一边嘲笑他，一边问他在哪里挖的。僧人迟疑道："这么厉害的东西，你们不害怕吗？它会害人的。"

在那两个人一再追问下，僧人告诉了他们财富的位置。

那两人立刻进入树林，找到僧人所说的露金之地。他们开心地说："这家伙真的太蠢了，人人做梦都想要的金子，居然在他眼里成了害人的东西。"

接着他们商量怎么把这些黄金运回去。其中一人说："白天拿回去太不安全了，还是晚上好一些，我留在这里看着，你去找点吃的来，我们就在这里填填肚子，等天黑了再把黄金拉回去。"

另一个人便先回家取饭菜了。留下的那人心里开始琢磨：要是这些黄金都归我就好了……等他一回来，我就用木棒把他打死，这些宝贝自然就全是我的了。

而回家拿饭菜的那个人也左思右想：回去我先吃饱饭，然后给他的饭里下毒，毒死他，黄金就全属于我了。

等他拿了饭菜回到树林里时，留下的人从背后跳出来，挥棒把他打死了，然后，喜滋滋地拿起饭菜吃起来。但没一会儿，他突然觉得肚子里像火烧一样，这才知道自己中毒了。直到临死时他才悔之莫及："僧人说的话真是一点儿没错。"

谁都会有欲望，但超过自己承受范围的欲望，只会让自己陷入痛苦甚至万劫不复的深涯。

得『寸』，不要进『尺』

　　有一个农民，打算买一块地，正好听说某地有人想卖地，就找到那人询价。那卖地的人很奇怪，对他说："只要你交上一千两银子，我就给你一天的时间——从太阳升起的时间算起，直到太阳落下地平线，你能用步子圈多大的地，那地就是你的，但如果到时你不能回到起点，就一寸土地也得不到。"

　　农民心想：这真是天赐的好事啊！如果我这一天辛苦一下，多走一些路，岂不是可以圈很大的一块地了吗？这生意实在太划算了！于是他便和这卖地人签订了合约。

　　这天，太阳刚一露出地平线，他就迈着大步向前疾走，直到中午，他的步子一分钟也没有停下，一直向前走着，心里想：只要辛苦这一天，以后就可以享受付出带来的回报了。

　　他又走了很远的路，眼看着太阳快要下山了，他心里开始着急起来，忙不迭地往回走，甚至抄近路向起点赶去。眼看着太阳马上就要落下山了，他只得拼命地奔跑，就在快要到达起点的时候，他已经耗尽精力，倒在了地上，再也没有起来。

一个人如果欲望太多，生命该如何承受重负？人生又怎能获得快乐呢？

人的贪欲是永无止境，而且会得寸进尺的，这是人性的弱点。事实上，人生的幸福，只有平常心才能承载得起。

在人生的旅途中追求一种淡泊，坦然面对生活对你的所有赐予，不要等待天掉馅饼。用平和淡定的心态去看待沿途的一切，做一个真实的自我，无须虚伪，无须奉承，无须圆滑，不为尘俗所迷，不为物欲所困，认认真真做事，踏踏实实做人。

任何得到，
都是以放弃为代价的

任何得到，都是以放弃为代价的。放弃因失落带来的痛楚，放弃屈辱留下的仇怨，放弃无休无止的争吵，放弃没完没了的辩解，放弃对情感的奢望，放弃对金钱的渴求，放弃对权势的觊觎，放弃对虚荣的纠缠……只有当机立断地放弃那些次要的、枝节的、不切实际的东西，我们的世界才能风和日丽，晴空万里。

佛教将贪、嗔、痴列为三毒，此三毒又为身、口、意三恶行的根源，亦为根本烦恼之首。其中的贪，是指世人对顺境的贪爱，非得到不可的执着。谁都会有欲望，但超过自己承受范围的欲望就是贪欲，欲望太多，满足太少，只会让自己陷入痛苦的泥坑中。人生的修行，很大程度就是对欲望的控制。

美国一家雪山探险队准备公开招募一批探险队员。领队对测试合格的十五名雪山爱好者进行了最后一项心理测试，只有通过测试的人才可能成为雪山探险队员。

测试的题目很简单，就是每一位应聘者回答同一个问题："假如在你面前的正是珠穆朗玛峰，可是在你前面不远处还有一个队员，这意味着他将比你先登上顶峰，而你只能屈居第二，这时候你会怎么办？"

几乎所有人的答案都一致，那就是加快速度超过前面的人，成为所有队员中第一个登上珠穆朗玛峰的人。

只有一个人的答案与其他人不同："没什么，那就让他做第一吧，我做第二。"

当被问及为什么时，这位年轻人说："我不想争什么名次，对我而言，只要能登上雪山就很高兴了，这就是我的目标。"

探险队最后选择了那位"愿意做第二"的年轻人，事后问及原因，领队说："我和雪山打了多年的交道，那里空气十分稀薄，在那里喘一口气都十分困难，脚下是随时可以置人于死地的悬崖峭壁。如果想超过前面的人，势必会加快速度，这样你肯定会因缺氧而窒息。很多登山者不是体力不够或者技术出现了问题，而是因为内心那一点点的欲望，所以才永远留在了雪山。"

一个人的内心可能就因为多了那一点点的欲望，恰恰倒置了本末，颠倒了轻重。苦苦追求的负累，不仅使人生无法获得轻松与快乐，甚至可能成为生命不能承受之重。

平常心，心常平，人生的幸福，需要平常心去承载。修炼一颗平常心，痛苦就会越来越少，幸福就会越来越多。因此，在人生的旅途，追求淡泊，坦然面对生活的赐予，包括所有的磨难和不公，用平和淡定的心态去看待社会现实中的一切。

『斧子为什么伤及不到天空呢』

　　我们之所以不快乐，大都是因为不自觉地让别人控制了自己的心情，也许只是一件小事、一句话，就令自己很生气。一个真正懂得快乐的人，是不会拿别人的错误来惩罚自己的，他们会将快乐掌握在自己手中。

　　活着已经很不容易了，放下执着，碰到烦恼的事尽量绕道行。当快乐来临时，就尽情拥抱它吧。愿你快乐！

　　佛说，一切利衰毁誉称讥苦乐，各有前因，致获现果。凡事发生的，都是必须发生的。人生是个曲折的过程，有得有失，有升有降，可以得人宠爱，也会遭诬受辱。达观者宠亦泰然，辱也淡然，从容面对一切。有人侮辱你，你要当作是培福；有人伤害你，你要当作是他来成就你。什么都不能忍耐，说明你的成就有限。

　　有一人向禅师请教，说总是有人在背后说他的坏话、中伤他，他感到很受伤，不知道该如何应对。

禅师听完后，手里拿着一把斧子，走出室外，然后对他说："现在我要把斧子扔向天空，结果会是怎么样呢？"

当扔出去的斧子从空中又掉落到地上时，禅师问他："你听到天空喊疼的声音了吗？"

那人不解地说："天空怎么会喊疼呢？"

禅师问："斧子为什么伤及不到天空呢？"

那人回答道："天空是那么广阔，别说是斧子了，恐怕没有任何东西可以伤及它。"

禅师道："正因为天空广阔，才没有什么东西可以伤及它。如果一个人有天空般广阔的心怀，别人无论怎么中伤他，又岂能伤及他呢？"

智慧的人知道因果，所以能忍恶性，淡然处之。忍是大海中的舟，能度一切苦难。得到赞誉时，不使心轻慢；受辱时，不使心生嗔恨。人生难免要遭受委屈和伤害，与其耿耿于怀、郁郁寡欢，倒不如坦坦荡荡、泰然处之。

善良
是善良者的生路

万事万物必有其因果循环，前事之因造成后事之果，此果之因成为彼事之果。"譬如种谷，随种而生，种善得福，种恶获殃，未有不种而获果实"。

撒哈拉沙漠，又被称为"死亡之海"，大批进入沙漠的冒险家往往是有去无回。

但是，有一支考古队第一次打破了这个死亡的魔咒。当他们行走在撒哈拉沙漠时，逝者的骸骨随处可见。每当此时，队长总是让大家停下来，选择高地挖坑，把骸骨掩埋起来，还用树枝或石块为他们做了简易的墓碑。

可是沙漠中的骸骨实在太多，掩埋工作占用了大量时间，于是队员们抱怨说："我们是来考古的，又不是来替死人收尸的。"但队长却坚持地说："每一堆白骨都曾是我们的同行，都值得我们尊敬，怎能忍心抛下不管呢？"

　　一周之后，考古队在沙漠中发现了大量古人遗迹和足以震惊世界的文物。正当他们收获丰盛，准备离开之时，沙漠突然刮起风暴，几天几夜不见天日，考古队完全迷失方向，食物和水开始匮乏，他们陷入了绝境。

　　就在这危难的时刻，突然有人大喊："有救啦！我们只要沿着路上留下的路标，就可以原路返回啦！"于是，他们沿着来时路上掩埋骸骨所竖起的墓碑，一步步走出了死亡之海。脱险后，考古队的队员们在接受记者的采访时，都感慨地说："是我们的善良才给自己留下了活的路标。"

　　只要我们在这世上播下了善心的种子，必然会有开花结果的一天，甚至能够产生震撼人心的生命力。

谨念、谨言、慎行
——不做让将来后悔的事

我们常常会冲动地说出一些话，做出一些事。你是否想过，我们的每个起心动念、每句话语、每个行为，都已带上各自的印记无法逃脱。

如果我们做了某些不太好的事情，便永远无法收回，因为它们已经开始步入未来，并将产生一连串的作用与反应。所以在做任何事情之前，一定要慎重考虑，以免将来后悔。谨念、谨言、慎行！

有一天晚上，佛陀出去经行，看见一位修行人在水边来回徘徊，于是就上前问他："你是不是有什么烦恼？你是什么时候出家的？修行有多长时间了？"

这位出家人答道："我出家已有20多年了，但是由于心中的烦恼没有办法调伏，所以坐也不是，站也不是，感觉很惭愧。可否请问世尊，有什么好的方法能够使我的心平静下来？"

这时，有一只乌龟从旁边的河里爬出来，刚好被一只正在觅食的狐狸发现了。狐狸摩拳擦掌，准备朝这只乌龟扑去。乌龟见状，马上把头和尾巴缩进壳里，最后连四只脚也缩进去了。狐狸看到乌龟只剩一个壳，而且壳还硬邦邦的，只好无可奈何地走掉了。

借着这个机会，佛祖告诉这位修行人："你看，这只乌龟因为及时地把自己的头和脚都缩进壳里去了，所以才能保全自己的性命。如果在那千钧一发的时刻，它还在犹豫到底先缩哪只脚，或者因为克制不住好奇而伸出头来，就免不了成为狐狸的盘中餐。我们修行也是一样，常常因为妄想太重，患得患失，没有抓住修行的方向，所以心里空虚，烦躁不安。"

见修行人若有所悟，佛陀又接着说："修行就是要修眼、耳、鼻、舌、身、意这六根，要时时刻刻把它们控制住，这样情绪自然而然就平静下来了。"

可以通过定心、净心、念心和明心来调伏自心。什么是定心？身心安稳，绝不轻举妄动；什么是净心？勿生杂念，专心；什么是念心？人在哪里，心就念住在哪里，人在做事，心就在做事，始终不起第二念；什么是明心？做任何事情都心明如镜。

真正能如此，做任何事情才都能做得很好，很顺。

目中有人，
才有路可走

目中有人才有路可走，心中有爱才有事可为。

出现在我们生活中的烦恼，多源于表面上的比较，以及内心的计较。别人的幸福，或许只是他的掩饰，各人的快乐，只有自己能体会。悲伤也是。

无始以来，世间到处是内心不满的人，他们抱怨命运的不公，指责他人的失信和背叛，甚至对自己身边的亲人也充满了怨恨的情绪，总是以受害者的心态看待自己不如意的生活，于是，相互抱怨和指责已经成为社会的常态。这些一直紧紧抱着怨恨的心念不放的人，常常在莫名的愤怒中不能自拔。

佛陀弘法时，除了受到婆罗门等外道的嫉妒迫害外，也常有人因为家中子弟跟随佛陀出家而迁怒于佛陀，对他做出无礼的举动。

有一次，一位老人的儿子也跟随佛陀出家了，他咽不下这口气，于是怒气冲冲地去找佛陀，不由分说地咒骂起来。然而佛陀只是静静听着，直到他安静下来，才平和地问："老人家，您的家中平时总会有亲戚朋友来访吧？"

"当然，那又怎样呢？"

"您会以酒食款待客人吧？"

"那是自然的事。"

"如果客人不接受款待，那些菜肴应该归谁呢？"

"如果他们不吃的话，那些菜肴当然归我呀。"

"您刚才骂我的话，我决定不接受它，所以劳您再带回去。"

听到这儿，老人感到十分惭愧，当即向佛陀认错。佛陀接着开导他说："一个有智慧的人应当是没有嗔心的。如果以嗔报嗔，以骂还骂，只会造作口业，并不见得聪明；如果从自己开始断绝恶语，不对他人恶语相向，就能停止痛苦，不但调伏了对方，也调伏了自己。"

佛陀的一番话打动了老人，老人这才明白难怪有那么多人愿意追随佛陀出家。

我们的愤怒其实指向的是自我。当我们在受第一支箭的伤害时，选择反射一箭，发泄嗔怨，无疑使我们自己又再受第二支箭的毒害。只有先拔除自己身上的箭，才能疗愈伤口；只有打破对念头的强烈执着，才能转化愤怒。

如何转化呢？首先，我们要觉察到这种负面情绪的存在，并且把调伏它视为强大自己的大好机会。

　　要知道，愤怒只是我们的习惯反应而已，如果你能不执着于那些带着强烈嗔怨的念头，就不会被愤怒的能量所掌控。

　　心态平和的人，历经沧海桑田也能安然度过；心态敏感的人，既便遭遇一点点风声，都会被吓得千疮百孔。所以如果太在意自己的得与失，痛苦反而来得越重。试着放下那个"我"吧！

吃亏的人，
终究吃不了亏

　　心甘情愿吃亏的人，终究吃不了亏。能吃亏的人，人缘必然好；人缘好的人，机会自然多。

　　人的一生，能抓住一两次关键机会足矣。心中无缺叫富，被人需要叫贵。

　　快乐不是一种性格，而是一种能力。笑看风云淡，坐看云起时。不争就是慈悲，不辩就是智慧，不闻就是清净，不看就是自在，原谅就是解脱，知足就是放下。

　　在以色列的农村，每当庄稼成熟的时候，村民们都会把庄稼地靠近路边的四个角留出一部分不收割。他们认为，是神给了曾经多灾多难的犹太民族今天的幸福生活。为了感恩，他们就用这种方式报答今天的所有——既对神表示了感谢，又为那些路过此地又饿着肚子的路人给予方便。

　　无独有偶，韩国北部的乡村公路边有很多柿子园。金秋时节，这里随处可见农民采摘柿子的忙碌身影，但是，采摘结束后，有些熟透的柿子也不会被摘下来。游人经过这里时，都很奇怪：这些柿子又大又红，不摘岂不可惜？

但当地的果农则说，不管柿子长得多么诱人，他们也不会摘下来，因为这是留给喜鹊的食物。

原来，这里是喜鹊的栖息地，每到冬天，喜鹊都在果树上筑巢过冬。有一年冬天，气候极端恶劣，天降暴雪，几百只喜鹊一夜之间都被冻死了。第二年春天，柿子树重新吐绿发芽，开花结果了。但就在这时，一种不知名的毛虫突然泛滥成灾。那年柿子几乎绝产。

从那以后，每年秋天收获柿子时，人们都会留下一些柿子，作为喜鹊过冬的食物。留在树上的柿子吸引了许多喜鹊到这里度过冬天。喜鹊仿佛也会报恩，春天也不飞走，整天忙着捕捉树上的虫子，从而保证了这一年柿子的丰收。

福报从哪里来？首先是从心上来的。只有慈悲的心才能纳一切福。

没有爱的生活，内心就会退化成一片荒漠，那里即使广袤无际，却也死气沉沉、了无生气。赠人玫瑰，手有余香，学会爱别人，其实就是爱自己。一颗慈悲柔和的心，能让我们身上散发着一种强大的吸引力，从而一切所需，可不求自得。

我们的心像一个花园，种什么就得什么

我们的心就像一个花园，种什么就会得什么，或者杂草丛生，或者鲜花满径。要得善果，须种善因。善的种子不但能成为我们行路的路标，而且能让我们的生命获得重生的力量，充溢着温暖的阳光，收获更大的福报。

佛陀在世时，有一对非常贫困的夫妇，他们居住在一间破房子里，每天只能靠乞讨为生。而且夫妇俩只有一条裤子，两个人每天轮流换穿一条裤子去乞讨，讨回来的饭夫妇分着吃。

有一位辟支佛知道这两个人因为在宿世之中不肯做布施，所以今生才这么穷，于是发愿要度这对夫妇，便来到他们门前来化缘。这对夫妇看见有和尚来化缘，而自己家里什么也没有，心里很着急。丈夫说："我们不是还有一条裤子吗？可以布施给他。"妻子发脾气说："你真糊涂，我们只剩一条裤子了，如果布施给比丘，我们连要饭的本钱都没有了。"丈夫劝他妻子："那个比丘不走，我们还是给他算了，否则心里过意不去。"于是，两人把唯一的一条裤子送给了辟支佛。

辟支佛接受这条裤子后，回去对佛陀说："这是我从一个穷苦人家化来的一条裤子，这条裤子是他全家的财产了。"

后来，佛陀常对人们说："这对夫妇能把家里仅剩的一条裤子布施出来供养比丘，将来福报一定不小。"

国王在释迦牟尼佛的法会上听说了这件事，感慨地说："没有想到还有穷得没饭吃、没衣服穿的人家，真令我惭愧。"于是便派人给这对夫妇送去很多吃的和穿的。这两夫妇即刻就得到果报了：才布施一条裤子，现在什么都有了。

著名的阿底峡尊者的开悟，是来自一位乞妇对一个麻风病人所说的话——平等的慈悲心和菩提心是超越苦海的最好方法。

爱是一种循环。爱给予他人，不见得立即有直接的回报，但最终也会循环到自己的身上。

如果你在爱护自己的同时，也考虑爱护他人，你也会得到更多的爱。如果你愿意帮助其他人获得他们需要的东西，你也会因此而得到你想要的一切，给予的越多，得到的也越多。学会爱和给予，带给我们的将是一生的财富。

曾经，在英国一个乡村的田野里，有一位贫困的农民正在劳作。忽然，他听到远处传来了呼救的声音。原来，一名少年不幸落水了。于是这位农民奋不顾身地跳入水中救人，救出了孩子。而那个获救的孩子是一位贵族子弟。

几天后，孩子的父亲亲自带着礼物登门感谢，农民却当即谢绝了这份厚礼，在他看来，当时救人只是出于自己的良心，自己并不能因为对方出身高贵就理所应当地索取回报。

孩子的父亲敬佩农民高尚的品格，为了表达他的感激之情，于是决定资助这位农民的儿子到伦敦接受教育。

过了很多年，农民的儿子从医学院毕业，毕业后专心从事医学研究，后来，他凭借发现人类历史上第一种抗生素而荣膺诺贝尔医学奖。他就是青霉素的发现者弗莱明。

而那位曾经获救的公子就是赫赫有名的英国首相丘吉尔。他曾在第二次世界大战期间出访非洲时患上了严重的肺炎，当时的肺炎属于绝症，而弗莱明听闻消息后不远万里地携带青霉素赶赴非洲，这青霉素，再次救了丘吉尔一命。

正是他们，在别人需要帮助的时候及时伸出了援手，为自己的后代播下了善良的种子，并收获了意想不到的回报。

播下善良的种子，才会成就爱的果实，慈悲的力量就是如此伟大。因此，要慈悲地对待所有人，不要在得失之间心存偏见。无论你的命运如何，一定要心存感激，怀揣慈悲心地接受每一件事，接纳每一个人，相信埋下的善因终会催熟美妙的善果。

假如你想要一件东西，就放它走

假如你想要一件东西，就放它走，它若能回来找你，就属于你；它若不回来，那根本就不是你的。无论心情怎样，都要面带微笑。

不要太把一个人放在心上，因为挫折经历得太少，所以才把一些琐碎的小事看得很重要。你所有的付出，都会是一种沉淀，都会默默铺路，让你在今后成为一个更好的人。

一位老妇人去一座庙里上香，庙外聚集着一群乞讨者，有哑巴、有盲人，当然也有身体健全的人。

那些乞丐一看到有人来，立刻从四周涌过来，纷纷伸着手讨要食物。老太太慈祥地说："不要挤，一个一个慢慢来。"然后解开随身带的包裹。

有好心的人劝阻她说："老奶奶，别相信他们，他们每天都这样靠要钱为生，很多都是骗子。"

老太太听了笑道："不管怎么样，他们中总有人需要帮助。"

"可是你怎么能分得清哪个需要帮助，哪一个又是骗子呢？"

老太太并不在意地说："我谁都给一点儿不就行了吗？"

旁边人说："如果给错了，你不就是上当受骗了吗？"

老太太回答说："总不能因为害怕自己上当受骗，就连那些真正需要的人也不帮助了吧？草再多，总有一滴雨会落到花上的。再说，我给每个人的钱都不多，确实需要的人可以买点东西充饥，即使真的受骗，我又能损失多少？不能因为怕受骗而不行善事。"

慈爱众生并给予其快乐，称为慈；同感其苦，怜悯众生并拔除其痛苦，称为悲。在人世间，我们要带着慈悲行走，放下自我，多为他人着想，消解世间一切不善的能量，让善念成为光，照亮自己，也照亮别人。

盲人打灯笼，照亮自己也照亮他人

天下雪的时候，花儿的白花瓣也跟着落下了；我沉默的时候，树儿的冷枝叶也跟着沉默了；我在寻找你的时候，你会不会也在找我？我们没有约定，也没有承诺，会不会在黑夜中擦身而过？

在一个漆黑的夜晚，有一个远行的僧人走到了一个荒僻的村落。在漆黑的街道上，还有不少夜行的村民，当僧人走在一条巷道上，看见有人打着灯笼迎面而来，身边的村民说："那个瞎子又出来了。"僧人当时愣住了，他问道："那个打着灯笼的真是一位盲人吗？"他得到了肯定的回答。

僧人百思不得其解，一个盲人，什么也看不见，有必要打着灯笼吗？

出于好奇，他上前问那位盲人："施主真的是一位盲人吗？"那位盲人说："是啊，我从出生起就双目失明了。"僧人问道："既然你什么也看不到，又为何打着灯笼呢？"盲人回答道："现在是黑夜，所有人都像我一样什么也看不见，所以我就点燃了一盏灯笼。"僧人感动道："原来你是为别人照明啊。"

那盲人说："其实打灯笼是为自己。"僧人问他为什么。盲者说："你是不是也曾因为夜黑而被其他行人撞到过？"僧人说："是啊，就在刚才，我还被别人不小心撞到过。"

盲人说："但我从来没有。虽然我是盲人，什么也看不见，但我只要打着灯笼，既为别人照亮了路，也让别人看到了我。这样，他们就不会撞到我了。"

僧人这才恍然大悟，然后叹道："我到处寻找佛，没有想到佛就在身边。原来佛性就像一盏灯，只要我点燃了它，即使我看不见佛，但佛却会看到我。"

点燃自己的心灯，既能照亮自己，也给别人带来光亮。对别人慈悲就是对自己慈悲，对别人宽容就是对自己宽容，善待他人就是善待自己，所以，人生的任何时候，只要心存慈悲，常怀感恩，美好就会随时降临。

宽恕并不是忘记，
而是放过自己

　　如果能常常想着别人对自己的好，我们就是个幸福的人；如果时时都能觉察到身边的人对我们如何亏欠，其实是因为自己缺少一颗感恩的心。

　　幸福也好，不幸也罢，这个世界什么都没有改变，我们只需改变的是自己的心。

　　宽恕别人，就是善待自己。宽恕是一座让我们远离痛苦、心碎、绝望、愤怒和伤害的桥，桥的那一端，平静、喜悦、祥和正等着迎接我们。

　　二战期间，有一支部队在森林中与敌军发生激战，其中有两个士兵与部队失去了联系。这两名士兵来自同一个小镇，一向互相照顾，不分彼此。这次与部队失散，他们在森林中艰难跋涉，互相鼓励支撑。过了十多天，他们仍未找到部队。好在路上他们打死了一只鹿，靠着鹿肉又能勉强度过几日。除了那只鹿，他们再也没有找到任何动物，仅剩下的这点口粮，由年龄较小的士兵背着。

一天，他们在林中遇到了敌人，经过一番战斗，两人逃脱了。就在他们以为安全的时候，只听一声枪响，走在前面的年轻士兵中了一枪，幸好仅仅是肩膀受了伤。后面的战友马上惊慌地跑过来，抱着伙伴痛哭。

就在他们以为没有希望的时候，部队找到了他们。

事隔多少年后，那位受伤的士兵说："我知道是我的战友在背后开的枪，在他抱住我的时候，我碰到他发热的枪管，但是当天晚上我就原谅了他。我知道他想独占鹿肉活下来，我也知道他活下来是为了他的母亲。战争太残酷了，他母亲还是没有等到他回家就去世了。战争结束后，我和他一起祭奠了老人家。他在他母亲的遗像前跪下来，请求我的原谅。我没有让他说下去，而我们又做了二十几年的朋友，我没有理由不原谅他。"

用宽容的胸怀融化伤害，把它转化成甘露。宽恕并不是忘记，也不是赦免，而是放过自己。一切都会过去，包括我们的痛苦和悲伤，不懂得宽恕，不懂得原谅，就是苦了你自己。

真正的穷是吝啬

其实，我们真正应该送走的穷是吝于布施的内心烦恼，因为这是与福德相对立的。布施不仅仅是金钱上的布施，修行就是布施，布施你的爱心，布施你的关怀，布施你的微笑，布施你的善愿，布施你温柔的语言，布施你慈悲的心灵，布施你的利他行动。

比如用正知正见去引导人们不要走弯路；又比如用财富去帮助人，让他人不要遭受贫困之苦；或者用信仰去鼓励别人，让对方不要感到恐惧和烦恼；又或用慈悲带给他人物质与心灵的温暖和希望。这些都是各种各样不同的布施，可以说，布施是大乘佛教修行最殊胜的法门，它不仅能真实地帮助到他人，还能使你迅速积累善的功德。

当我们送走吝啬的烦恼，迎来利他的发心，那么就一定能接收到无量的福德。

在一个寒冷的冬夜，有一个乞丐来找禅师，哭诉道："我的妻儿已多日粒米未进。我想尽我的一切努力给他们温饱，可是始终无法办到。再加上我最近旧病复发，我现在实在是无能为力了，如果再这样下去的话，我们一家人都会饿死的，还请您帮我们渡过难关吧！"

这位禅师听后十分同情，但是他身边既无钱财，又无食物，如何帮他呢？不得已，禅师只好拿出准备装饰佛像的金箔说道："就把这些金箔拿去换钱应急吧。"

听到禅师的决定，底下的弟子们都很惊讶，纷纷表示抗议："师父，那些金箔可是替佛像装金用的，怎么能轻易地送给别人？"

禅师非常平和地对弟子说："也许你们无法理解，我正是为了尊敬佛陀才这样做的。"

弟子们一时无法领会师父的深意，气愤地说道："您说是为了尊敬佛陀才这么做的，那么我们将佛陀圣像变卖以后用来布施，这种做法算得上尊敬佛陀吗？"

禅师说："没错，我尊敬佛陀，即使下地狱，我也要为佛陀这么做。佛陀修道，割肉喂鹰、舍身饲虎在所不惜，佛陀是怎么对待众生的？你们真的了解佛陀吗？"

佛陀曾经说："有如母亲在危急的环境中保护她唯一的子女一般，我们以类似的心，去培养一视同仁对待众生的慈悲心。我们把这无边无际的慈悲心，推广普及于世间，乃至天下，没有障碍、没有嗔恚、没有敌意。"

慈悲心不是很大的东西，其实就是关心他人，当自我少一点儿的时候，慈悲心自然会生发出来。

生气，
就像自己喝毒药
却指望别人痛苦

人生是一场跋涉，路难、事难、做人难。每个人，或多
或少，都有所苍凉，或深或浅，都有些无奈。有些事，不明不
白，让你猜不透；有些人，戴着面具，让你看不清；有些理，
概念模糊，让你悟不出；有些路，坎坷难走，让你行不通。有
时烦恼不是因为别人伤害了你，而是因为你太在意。

有些事无须计较，时间会证明一切；有些人无须去看，
道不同不相为谋。

痛苦缘于比较，烦恼缘于心。淡定，故不伤；淡然，故
不恼。

欲望是壶里沸腾的水，人心是杯子里的茶，水因为火的
热量而沸腾，心因为杯体的清凉而不惊。

佛陀说："我们的心应如一座有裂缝的佛钟。"有裂缝，任
凭别人怎么敲，都不会发出声响，气也就无从生起。

有一个女人，特别喜欢为一些琐碎的小事生气。她也明白这样并不好，便去求一位高僧为自己解决心结。

高僧听了之后，一言不发地把她领到禅房中，然后锁上门就走了。这个女人立刻发作起来，破口大骂。骂了很长时间，高僧并不理会。于是她开始哀求开门，高僧仍然置若罔闻。后来这个女人终于沉默了。高僧来到门口问她："你还生气吗？"

女人说："我现在只为我自己生气，我怎么会到这地方来受罪。"

高僧说："一个连自己都不原谅的人，怎么能做到控制愤怒呢？"说着人又走了。

又过了一会儿，高僧回来问她："你还生气吗？"

女人说："不生气了。"

"为什么？"

"气也没有办法呀。"

"看来你的气并未消减，仍然还压在心里，爆发后将会更加可怕。"于是高僧再次离开了。

当高僧又一次来到门前询问时，女人告诉他："我一点也不生气了，因为不值得气。"

高僧说道："你还知道值不值得，可见心中还在衡量，还是有气，不过已经有所改变。"

又过了一段时间，当高僧再一次回来询问她时，女人答道："什么是气？"

高僧打开门，并将手中的茶水倒在地上，女人看了很久，突然间醒悟了。

有人问佛："佛陀，怎样才能控制情绪，遇事不生气呢？"佛陀说："深信因果，则不生迷惑，一切恩怨皆因果所致，无迷则无嗔。生气，就好像自己喝毒药而指望别人痛苦。"

智慧地生活在人间，学会把内心的愤怒转化为忍耐和宽容，常常自省，让你的心得到清净，而不是陷入无谓的争执之中，当你熄灭了心中的嗔念，你才能把烦恼转化为菩提。

渴望被人欣赏，
却往往忽略了欣赏别人

生活中，我们渴望被人欣赏，却往往忽略了欣赏别人。更多时候，我们善于发现别人的缺点，乐于放大自己的优点，甚至在别人的不幸中找到自己的庆幸。然而，欣赏是相互的，要想被人欣赏，就得先去欣赏别人，只有欣赏别人，才会被人欣赏。

人生路上，需要用真诚的心灵去欣赏，而不是用好奇的眼光去打量。

宽容，就是对待任何人都如同对待自己一般。

一天，有一位法师正要开门出去，突然一位怒气冲冲的壮汉闯进来，撞在法师身上，把法师的眼镜撞碎了，还撞青了他的眼眶。而那位撞人者，不但毫无歉意，反而理直气壮指责法师挡路。

整个过程，法师一直微笑不语。

这位莽汉大感意外，他问法师："我撞了你，你怎么一点儿也不生气？"

法师平静地说："我为什么要生气？生气既不能使眼镜复原，又不能让脸上的淤青消失，如果我与你争执，和你动手吵闹，对事情的化解不但毫无作用，反而增加我们之间的嫌隙。如果我早一分钟或晚一分钟开门，都会避免相撞，或许这一撞也化解了一段恶缘，我还要感谢你呢。"

壮汉听后心感惭愧，一声不吭地离开了。

事情过了很久，某一天，法师收到一封来信，是那个壮汉寄来的。原来他因为不求上进，在事业上无所成就，于是十分苦恼。有一天，他上班时忘了拿东西，返回家后，却发现妻子与一名男子在家中调笑。他冲进厨房拿起菜刀，朝他们冲了过去。那个男人见此情景，不禁惊慌失措，吓得脸上的眼镜掉了下来。

这时，壮汉立刻想起了法师教导自己的情景，便逐渐冷静了下来，反思了自己鲁莽的行为。于是，他静下心来，理智地处理与妻子的婚姻矛盾，也重新审视了自己。慢慢地，他的生活变得顺遂起来，事业也取得了成功，还特地寄来一笔善款，感谢法师曾经的教诲。他说："如果当时我一怒之下扬刀杀人，恐怕早已陷入牢狱之灾，后半生也将不堪设想。"

宽容是对生命的洞见。包容别人是一种修养，不是懦弱，也不是胆怯，而是谅人所难，扬人所长，补人之短，恕人之过。包容是一种美德，也是一种善待，善待别人的同时，也是拯救自己。

无论你遇见谁，
都是生命里的贵客

佛陀说：无论你遇见谁，他都是你生命里的贵客。喜欢你的人给了你温暖和勇气；你喜欢的人让你学会了爱和自持；你不喜欢的人教会了你宽容和尊重；不喜欢你的人让你知道了自省和成长。没有人是无缘无故出现在你生命里的，每一个人的出现都是缘分，都值得感恩。

一个小和尚在化缘的时候，因为衣衫褴褛而被一位村妇嘲笑，继而吵了起来，最后还动起手来。他扯破了农妇的衣服，农妇抓破了他的脸。闻讯赶来的和尚赶紧将两人劝开，并把小和尚送回了寺院。

住持听说了这件事，并没有当场责罚小和尚，而是在供品里找出些布料和食物，亲自带着小和尚去向那位农妇道歉。

最后，面对住持真诚的道歉，农妇也感到很惭愧，她承认了自己的不是，说不该嘲笑和辱骂前来化缘的和尚，事情得到圆满的解决。

两个人回来的时候，天已经黑了。在半路的山坡上，住持被一块大石头绊倒了，腿上也磕出了血，小和尚赶紧扶起师父，然后朝那块地上的石头狠狠地踢了几脚，还要抱起来摔它。住持制止了他，并且轻声地说："石头本来就在那里，它又没动，是我自己不小心碰到了它，一点儿也不能怪它啊。这次磕绊完全是我引起的，我应当向石头道歉才对。"

小和尚听后愣了一会儿，终于明白了师父的开导，他自责而歉疚地说："实在对不起，是我错了，我今后一定学会尊重他人，感化他人，不再犯这样的错误了。"

石本无意，何必生怨？

一生中，我们要走很长也很崎岖的路，路上有像星星一样数不清的石头。我们要经历许多事情，要相识相交许多人。而心像一个筛子，在世事的颠沛流离中，慢慢地，慢慢地，一些人、一些记忆、一些故事就漏掉了。

不过，对于智者来说，他们漏掉的只是别人的过错与不足，他们不会刻意去记恨一个人，而会记住他人的好和善，并时时充盈自己那颗感恩的心，更容易感受到喜乐与安然。

以感恩的心情回报对你有恩之人，以佛的胸怀宽容那些伤害过你的人，以水的柔情善待你的亲人，以阳光的温暖去帮助那些需要你帮助的人，以惜缘的态度珍惜与我们相识、相知的人。

如果我们对这个世界充满了怨气，那么这个世界怎么可能给予我们快乐与幸福。所以，不要给自己的冷漠找理由，不管有多少障碍，也应该坚持我们善良的本初；不管有多么无奈，也应该敞开我们宽容的胸怀。

如果你能给别人台阶，自己也有台阶

有些人常常喜欢用发现别人的缺点来表现自己，而自己却意识不到这个缺点。往往一个人越聪明、越善良，他看到别人身上的优点就会越多，就算对方错了，也应该用一个合适的方式提示他。

如果你能给别人台阶，自己也有台阶，如果你能给别人面子，自己也有面子。行善得善！

心，装满了抱怨，就装不下喜悦！

人生需要四种修为：一是忍得过。忍一时之气，消百日之灾，能忍，不一定是懦弱。二是看得破。最大的淡定，不是看破红尘，而是看透人生以后依然能够热爱生活。三是拿得起。做人要有担当，不推诿逃避，直面无常的人生。四是放得下。放下偏执，放下记忆，放下不甘，放下欲望，平平淡淡，简简单单。

有一位公司老板，因为与合伙人在一个决策上意见不同而争吵了起来，最后他经过仔细权衡利弊，还是接受了对方的建议。这原本是很平常的事，但他的心里总放不下这件事情，即使事情已经过去了很久，但他依然会翻出来向别人诉说。

结果，当他不再提的时候，周围的人却会时不时地提起，造成他与合伙人之间的隔阂越来越大，最终导致两个人分道扬镳，他的公司也因此大受影响。

还有一个女人，因为一件不起眼的小事与丈夫吵架，于是她向家人和朋友不停地诉苦，得到了同情。但与此同时，那件事就像一个伤口一样，每被提起一次，她都觉得那个伤口被撕大了一点，尽管她早已忘了那次吵架的原因，但伤痛却再也无法弥补。就这样，她与丈夫离婚了。

再有一位公司职员，因为遭到上司的批评，心存不快，尽管那件事情确实是他错了，但他觉得上司的批评还是过于严厉，不近人情。于是他便跟朋友、同事说起了这件事，大家也都觉得他的上司做得有点过分。于是每一次说起，在他的心里便增加了一点对上司的愤恨，由此不知不觉加深了对上司的抵触情绪，最终因与上司无法和平相处而离开了那家公司。

同样也有一则寓言故事，森林里一只小猴子，有一次不小心从树枝上掉了下来，并将肚皮划破了一道小口子。当遇到同伴时，小猴子便指着伤口让同伴们看。大家一边轮流察看着小猴子的伤口，一边对小猴子的不幸给予了极大的同情。而小猴子的伤口，每经过一次察看，便被撕开一点，最后小猴子因伤口流血过多而死了。

一念放下，万般自在。不要过分放大所遭受到的痛苦，起起伏伏，曲曲折折，原本就是人生的常态。所谓放下，就是要放下那些自私的欲望和心头的恶念，放下那些无谓的执着和顽固的偏执，心灵需要的是宽容而不是对抗。

人与人之间的许多冲突，都来自于对彼此动机的误解

人与人之间的许多冲突，都来自于对彼此动机的误解。我们的所言所行，其实都有自己的理由。如果能试着设身处地了解他人的理由，也许冲突就不会发生了。即使真的发生冲突，如果我们可以深呼吸一下，以开放的心胸仔细倾听，并以一种既无赢家也无输家的、皆大欢喜的方式面对，就利于消弭彼此的分歧。

什么是开悟？明白事理，明白人情世故，明白人生真理，拥有一颗仁慈仁爱的平等心，用智慧之眼来观世俗一切变化。

一位禅师有两个徒弟，有一次，他们看到一只蜜蜂误打误撞地飞进屋里，这只蜜蜂努力地朝窗外飞，却被窗上厚厚的玻璃挡住了，一次次徒劳地摔下来。

一个徒弟说："这只蜜蜂真是愚蠢至极，既然知道这个方法行不通，为什么还要努力呢？它这样做，即使一辈子也不可能成功。可见，世上有些事，不能强求，该放手时就放手。"

另一个得到了与他完全不同的见解："这只蜜蜂真是顽强，它那么勇敢，不管经历了多少次失败也不放弃。做人就应该像那只蜜蜂，锲而不舍，败而不馁，百折不回。"

于是，两人争执起来，谁也说服不了谁。

最后，他们只好去找禅师来判定谁的道理正确。

没想到禅师却说："你们谁都没错啊。"

两个徒弟不解，怎么可能两种观点都对呢？难道师父是故意做好人，不让我们争执？

禅师看出他们的疑惑，于是拿出一张大饼，吩咐他们把大饼从中切开。

然后禅师问道："你们说说，哪半块好，哪半块不好？"

两个徒弟们回答不出。

于是，禅师开导他们说："你们总是看到不同的地方，而没有看到相同的地方，表面上的差异，掩盖了本质的相同。佛法有八万四千法门，而不二法门就是超越相对、差别，即一切绝对、平等的真理。"

徒弟二人一下领悟到：一个事物的两个方面，本来没有绝对的是非问题。

世上万物也是如此，许多表面看似相同的，可能是相殊甚远；而表面相殊的，倒可能有本质相同。我们平时所犯的不少错误，有时就是因为看不到这一点而产生的。

　　遇见不同声音，如果要想办法反驳、辩解，说明烦恼心仍在；遇见不同声音，虽然不反驳，但心为所动，说明分别心仍在，但能反省自己；遇见不同声音，如如不动，有缘时就拿起，无缘时就随手放过，内心充满了对一切的接纳和包容，这才是真正的修行。

经得起风雨，
更要经得起平淡

　　我们常常看到的是，感情经得起风雨，却经不起平淡。很多伴侣携手走过人生最艰难的日子，却在生活安逸的时候分开了，当各自进入下一程感情轮回时，转了一个圈却发现，结果原来都一样。

　　我们可以不断追求美好的事物，但感情是需要经历与沉淀才能长久的，不可能永远都波澜壮阔。真爱一定经得起平淡的流年！

　　有不少人问我如何处理夫妻之间的关系，这是一项相当重要的功课，因为它是你发展人际关系的起点，你和亲密爱人在朝夕相处时所出现的状况，同样会显化到与其他人的关系上。

　　有一位信徒总是对寺院的住持诉苦，说他的太太非常吝啬，从不懂得施舍，与她很难相处。

　　一天，住持专程去了信徒的家，看望这位太太。

　　住持在她面前紧紧握起一个拳头。

这位太太不解地问道："这是什么意思？"

"假如我的拳头一直这样握着，而且始终不变，你说这叫什么？"

"畸形。"这位太太答道。

接着，他又把那只手在她面前摊开问道："假如这只手永远这样，也是始终不变，你又会称作什么呢？"

"自然还是畸形喽。"这位太太答道。

"只要你多多思考这一点，"住持说，"你将成为一位优秀的妻子。"

自从这以后，这位太太相夫教子，不仅节俭，而且也懂得了施舍，变得非常贤惠。

永远保持一样的姿势难免会畸形怪异，这便是不图改变的结果。夫妻是相知相伴走一辈子的亲密伴侣，彼此的相处也需要合理调节，一成不变只会让彼此感到乏味和疲惫，应该适当为彼此做些妥协和改变。如何改变呢？

修施舍心，多做布施，并且要改变心态，断除贪心和吝啬心，多奉献、多付出，这才是从因上改变。因为修施舍心、慈悲心，能够消弭人执着于自我的顽固习气，通过破除"我执"，把心窗打开，接纳来自伴侣的光亮，互相关怀，共同分担。

不仅是夫妻，这也是与他人的相处之道。任何福报都有其必然的成因，就像财富来自施舍，尊贵来自谦恭一样，美丽的容颜来自柔和善良的性情。给人施舍与帮助的人，才能获得人家的帮助，才能经常碰到贵人。能吃亏的是有福的人，能施舍的是富贵的人，爱生气的是愚人，能容忍的是快乐的人，能看破放下的是有智慧的人。

抱怨、挑剔别人，最后都会折回自己

　　有一个法师的弟子总觉得事事不如意，活得很痛苦，便向师父寻求教诲。于是，法师把弟子带到屋外，问弟子："你抬头看一看，告诉我看到了什么？""天空。"弟子答道。"天空够广阔吧，"法师说，"但我可以用一只手就能遮住整个天空。"

　　弟子表示不解，于是法师用一只手掌遮住了弟子的双眼，问道："你现在还能看见天空吗？"接着法师讲道，"其实，生活中的那些痛苦和挫折，也如同这只手掌一样，看上去虽然很小，但如果你放不下，而且总拉近来看，放在眼前，搁在心头，就会像这只手掌一样，遮住你整个人生，而你将会错失阳光、蓝天、白云和美丽的晚霞。"

　　弟子立刻就醒悟过来，不能因为生活遭遇到一些挫折，便遮住了自己的整个人生。心映射着世间的万事万物，心里什么样，世界就是什么样。心里阳光，世界就光明；心里宽容，世界就安宁；心里庄严，世界就庄严。不要养成抱怨的习惯，更不要一味地挑剔别人，这些不良情绪最后都会折回自己的内心。

过了一段时间，这位弟子又认为为人处世应该不拘小节，所以那些小事无关紧要。一日，法师问他："大雨和毛毛雨，哪种雨更容易打湿衣服？""当然是大雨。"弟子回答道。法师摇摇头说："实际生活中，最容易打湿衣服的却往往是毛毛雨，而不是大雨。"

弟子困惑地问："这怎么可能？大雨雨量大，毛毛雨雨量小，怎么会出现这种情况？"

法师答道："因为天一下大雨，人们很快就会警觉，带上伞的便会撑伞挡雨，没带伞的便会跑到房檐下避雨。但如果下毛毛雨，人们难以感觉，或是感觉到了，也觉得无所谓，认为这点小雨不足以打湿衣服，于是不知不觉间，便淋湿了整个衣服。"

在日常生活中，我们的言谈举止，一个表情、一句话语，就像毛毛细雨一样，看上去很小，但如果不引起注意，不引起警觉，就会在有意无意间伤害到别人，同时不知不觉影响自己的人生，让自己蒙受灾难和损失。

我们点点滴滴的行为，包括每一句话，每一个念头，都不应该轻视。正是这些细小的、微不足道的言谈举止和心念，积少成多，在建构着我们生命的同时，也在影响着他人，由此形

成的能量是无法估量的，也最终造就了我们的人生之路，岂能
散漫忽视。

　　我们在心里播种什么，我们的世界就会被它环绕。心
里有阳光，世界就充满阳光；心里有爱，就会生活在爱的氛
围里；心里盛满快乐，则满处都是笑声。同样，如果每天
抱怨、挑剔、指责、怨恨，就会活在地狱里；当我们的心变
了，一切就变了。一念到天堂，一念下地狱。心在哪儿，圆
满就在哪儿。

第四章

把生命的
无常变成奇迹

一切皆有可能

　　为什么我们始终无法获得真正的快乐？因为我们被各种烦恼污染了。而修行就是一个对治各种烦恼的过程，虽然这个过程中会遇到很多困难和障碍，但只要勇敢地坚持下来，迎来的便会是真正的新生。

　　世界上最长寿的鸟类是老鹰，可以活到70岁，但是要想活那么长的寿命，它在40岁时必须做出艰难却又十分重要的决定。就好比当我们自身被各种烦恼左右时，是选择不由自主，还是通过奋斗来得到真正的快乐和重生？

　　当老鹰40岁时，它的身体功能衰竭，不再像昔日那般灵活。变得十分沉重的翅膀使得它的飞翔十分吃力，昨日雄风不再。它不得不面临两种选择：一种是等死，另一种是须经过一个十分痛苦的更新过程——150天漫长的"修炼"。

　　它必须费尽全力奋飞到一个绝高山顶，筑巢于悬崖之上，停留在那里，不得飞翔，从此开始过苦行僧般的生活。老鹰首先用它的喙用力击打岩石，这是个反复流血的过程，无疑是十分痛苦的。但它有着强烈的再展雄姿的意志，所以再痛再苦，它依然坚持到底，直至它的喙完全脱落。

接下来，老鹰静静地等候新的喙长出来。新喙长出后，代表着老鹰已经成功了一半，真可谓万事开头难。之后，老鹰就用它新长出的喙把脚指甲一根一根地拔出来，当新的脚指甲长出后，老鹰再用它们把那些沉重的羽毛一根一根地拔掉。

老鹰的自我"虐待""煎熬"的过程，须持续 5 个月。之后，新的羽毛长出来了，老鹰一生一次"脱胎换骨"的工程便告结束，它又开始飞向无限广阔的大地。"重生"后的老鹰，寿命可再添 30 年！

在不同人眼里，人生有不同的状态。乐观的人把人生活成一场喜剧，悲观的人把人生活成一场悲剧。你很坚强，那么你就可以支配人生；你很被动，那么你的结局就只是追逐人生。

命运不是一个机遇问题，而是一个选择问题。它不是我们要等待的东西，而是我们要实现的东西。困境什么时候到来，是谁也无法预料的，但是，无常就是无限的可能性，一如老鹰，用无比坚强的勇气来蜕变，用一个全新的自己，重新面对接下来的几十载人生。

人都是被逼出来的

哭的时候没人哄，于是我们学会了坚强；怕的时候没人陪，于是我们学会了勇敢；烦的时候没人倾诉，于是我们学会了承受；累的时候没人关心，于是我们学会了自立。

人都是被逼出来的，有了压力，许多潜在的智慧，就会被激发出来。没有走不通的路，没有过不去的坎，相信自己，我们每个人都有可能创造奇迹。

观察自己以及身边的每个人，似乎人人都在自己固有的习性中打转，如果不思突破，这种习性就固化成一种生存模式，让人难免尝尽生活之苦。有人将此归结于命运的不公或是强大业力的牵引，但这只是迷悟者的借口罢了。

待在日常习性的固定模式中，总是有安全感，但这是脆弱的，使人慢慢地、早早地丧失了勇气，害怕改变，成为习性的奴隶。局限来自于执着，"破执"即是突破自我的设限。局限，其实正是提升生命的重要关口。

　　自然界里，随时随地都有突破局限、震撼人心的启示。比如，有一种名叫"帝王蛾"的蛾子，它的幼虫时期是在一个洞口极其狭小的茧中度过的，默默生长着。待到它的生命即将发生质的飞跃时，这狭小通道对它来讲无疑成了鬼门关。在这生死转变的关口，它那娇嫩的身体必须拼尽全力从窄口破茧而出，而不少幼虫就是在这生命升华的挣扎时刻不幸身亡，但即使这样，它们也义无反顾。

　　自然界还有很多生命蜕变的例子，但对于人来说，大部分恐怕都不如帝王蛾。

　　为什么会这样？因为我们还没脱离习性的控制，随着时间的流逝，我们只是换掉了不同的躯壳，习性仍然延续。

　　有人出于好意，拿来剪刀把茧子的洞口剪大，好使茧中的幼虫不必费多大的力气，便能轻易钻了出来。但结果适得其反：所有轻易穿过洞口见到天日的蛾子，都成为不了真正的"帝王蛾"，它们的翅膀软弱无力，无法飞翔，最终成了废物。

　　那狭小茧洞正是帮助帝王蛾幼虫两翼成长的关键所在。当幼虫挣扎穿越时，正是通过用力挤压，血液才能顺利输送到蛾翼的组织中去，而只有两翼充血，帝王蛾才能真正地振翅高飞。

　　没有不经受残酷折磨的修行，就像历代禅师们对弟子一次又一次的无情棒喝，无一不是逼迫他们从认知的局限中跳脱出来，看清世间真相。因为一个人的执念几乎像死亡一样顽强，如果没有向死而生的勇气，便无法破除自身的束缚，重获崭新的生命。

面对不如意，先要勇敢直面

当下，我们所面临的处境，并没有所谓的好坏之分。问题是我们对自己的处境缺乏见地，无法笑对现实中的种种不如意。要知道，越躲避，越痛苦。只有接受痛苦，才能摆脱痛苦；只有直面逆境，才有可能诞生奇迹。

18 世纪末，为建造连接太平洋和大西洋的巴拿马运河，工人耗费了很长的时间才挖掘出一个大沟渠。正当他们认为工程已大功告成时，却不料突然出现了一次大塌方——那些挖掘出来的土石大部分又掉进了运河里。

建筑工人慌慌张张地跑去告诉主事的戈萨尔将军："糟了，不得了了！所有的土石又崩落了，我们该怎么办？"

戈萨尔冷静地回答："再挖一次。"

"再挖一次"，多么轻又多么沉重的一道指令。面对一项已经消耗了巨大人力、物力和财力的大型工程，选择继续或是就此罢手，都不可避免地产生巨大的损失。然而令戈萨尔将军确信无疑的是，坦然直面或许仍有一线生机，就此放手就只能前功尽弃。

巴拿马运河，自建成后至今，被誉为世界七大工程奇迹之一的"世界桥梁"。

所以，人们如果对意外陷入的困境没有正确的知见，沉湎于它的负面影响，怨天尤人、消极应对，往往就因此贻误了最佳的挽救时机。

处境没有好坏之分，顺逆可以互相转换。人生就像一口大锅，当你走到锅底时，无论朝哪个方向走，都是向上的，最困难的时刻，也许就是一个转折点，所以改变一下思维方式，就可能迎来转机。

面对不如意，先需要勇敢地直面，接受逆境带来的考验，然后通过自身智慧和力量，转逆为顺，化腐朽为神奇。如戈萨尔将军那样，直面接受，再寻求突破，我们才有机会看到生命的壮观、传奇。

谁能预测
此生的得失荣辱

　　一位作家去拜访一位书法家。这位书法家虽已年过八旬，但依然耳清目明。言谈之间，出于对书法家的仰慕，作家恳切地向其索求墨宝。书法家并没有欣然提笔，他问作家要写什么字，作家说只管随意。书法家似有所悟，然后手起笔落，写下四个大字——"挖藏得金"。

　　写完字幅后，作家对题的字感到好奇，于是问这几字的来历。书法家微笑道："说起来话长，这是一个卦辞，也是曾经对我影响很大的四个字，我送给你，权当人生的参考。"

　　通过书法家的讲述，作家才知道，在这位书法家还不到10岁的时候，一天，母亲找街头算命的盲人给他算了一卦，算完后，母亲便开始闷闷不乐，时隔很长时间后，他才真正知道母亲不高兴的原因。原来，算卦的人说他的命不好，卦辞为"掘井无泉"，也就是说，这一生，无论他怎样努力也是劳而无功。而和他同龄的邻居家的小孩得到的卦辞却是"挖藏得金"，那意味着他一生会有享受不尽的荣华富贵。

自此，"掘井无泉""挖藏得金"这两个卦辞就深深地印在他幼小的心灵里。不过他并没有和母亲一样感到失望，相反，他就是要看看自己究竟能不能挖出"泉水"来。几十年的风风雨雨，寒来暑往，他遍访名家名师，临池不辍，终成一代书法大师。而具有讽刺意味的是，当年的邻家小孩因为相信了荣华富贵的命运，整日游手好闲，一生穷困潦倒，而且很快地就离开了人世。

书法家对作家说："我的人生经验就是，其实每个人的命运都掌握在自己的手里，只要你努力去挖就能得金，努力去掘就会有泉，也许是我良好的心态改造了我的命运。"

谁能提前宣判我们的生命？谁能预测此生的得失荣辱？听天由命只是不努力、不奋斗的借口！命是靠自己来运的，圆满的心态不仅可以调伏自己的生活，宠辱不惊，还能激发与命运博弈时逆袭的强大力量，最终改造命运。

我们走过的每一条路，其实都是必经之路

　　我们常常会害怕孤独，可它是我们的一部分，它是天使也是魔鬼，它能让我们变得更好，也能让我们万劫不复。当我们无法逃离它时，就只能面对它。

　　孤独，到最后都是一种极其真实的存在感。面对孤独，我们都有脆弱的一面，然而只要咬牙继续向前走，回过头看的时候，都会惊讶于自己的忍耐力。

　　我们常常会说"好累呀"，然后顺道抱怨两句。但请不要把抱怨当作一种习惯，因为所有的一切都是我们自己选择的结果。可有些人会说他没得选。任何时候，我们面前都不会只有一条路，除非是自己放弃选择。而不选择，本身也是一种选择。所以既然一切都是自己的抉择，就请扛起你该扛的责任，微笑面对。

　　曾经，有一位法号道谦的和尚，参禅多年，但一直没有长进。有一次，师父大慧禅师派他到一个偏远的寺庙打理事务，时间长达半年之久，这让他感到十分沮丧。这时，他的朋友宗元主动对他说："让我和你一起去吧，或许能助你一臂之力。"

连日赶路使两人都疲惫不已。一天晚上，道谦向好友抱怨："我参禅多年还是不能领悟开智，现在又在途中奔波，已经精疲力竭，更无法静心修禅了，这可如何是好？"

宗元回答说："途中可以代替你做的事我都能帮你做，只有五件事我替代不了，必须你自己解决。"

道谦问："哪五件事？"

宗元答道："穿衣、吃饭、屙屎、撒尿、肉身路上行。"

听到这句话，道谦当即开悟。

从此，他一路苦行，不执不怨，到达寺庙后潜心修习日常，终于学成归来。师父大慧见状，感叹道："这回真的脱胎换骨了。"

我们生活当中出现困境时，多半会把遇到的不幸归咎于环境或者他人，或者干脆采用逃避的方式视而不见。因为当我们把自己生命的支点立在外物之上，就容易不由自主地被外力牵引，如浮萍般飘飘摇摇，随波逐流。

要明白，人须自立，方可无忧。我们走过的每一条路其实都是必经之路，只是，我们永远无法借别人的翅膀飞上自己的天空。无论是修行，还是应对一生中各种层出不穷的麻烦，都需要你独自承担，无人能够替代，借助外力并非究竟之法。

我们通常会成为自己相信的那种人

我们通常会成为自己相信的那种人。如果我们不停地对自己说，我做不了这件事，很可能最终就真的失败了。相反，如果我们抱着我一定可以做到的信念，那么相信自己就一定会有能力完成它，即便开始时我们不能。所以，任何时候都不要失去信心，也不要放弃希望，人生就是一个不断圆满的过程。

印度北方有一个叫舍卫城的都市，佛陀在此设有一个供大众听闻其说法的中心。有一位年轻人每天晚上都会来听佛陀说法，可是过了好多年，年轻人却从未将佛陀的教导付诸实行。

数年后的某个晚上，年轻人对佛陀说："世尊，我心中常常生起一个疑问。这么多年来，我一直坚持来这里听您讲法。我注意到在您的周围，有许多长期听闻您讲法的修行者，他们有些人确实得到了解脱，有些人的生活确实获得了改善。但是也有很多人，包括我自己在内，还是原地打转，有些时候甚至更糟。您是这样一位伟大、全然觉悟、有力量又慈悲的人，为什么不用您的法力与慈悲，帮助我们全都解脱呢？"

佛陀说道："年轻人，你住哪儿？你从哪儿来的？"

"我住在舍卫城，萨罗国的首府。"

"可是你的样子看起来不像是舍卫城的人。你的故乡在哪儿啊？"

"我从一个叫王舍城的都市来的，是摩揭陀国的首府。我在几年前来到舍卫城。"

"那么你一定是时常往来舍卫城与王舍城之间了？"

"是的，佛陀，我一年要到王舍城好几次，然后再回到舍卫城来。"

"既然你已经往返舍卫城与王舍城之间许多趟了，你应该很清楚这条路了吧？"

"是的，我非常清楚这条路，甚至可以说，就是蒙上我的眼睛，我也一样可以找到去王舍城的路。"

"如果有人来向你请教到王舍城的路，你会一五一十地告诉他们吧？"

"我当然会尽我所知告诉他们的。"

"那么你向他们详细说明后，所有的人是否都到达了王舍城呢？"

"那怎么可能呢？只有从头到尾走完全程的人，才能到达王舍城。"

"这就是我想告诉你的，人们来见我，因为他们知道，我已经对这条路线非常熟悉。他们来问我通往解脱的道路，而我有什么好隐瞒的呢？我每次都清楚地向他们解释。如果有的人只是点点头，说'讲得好，真是一条正道'，却不愿迈出双脚踏上这条路，那么他怎么可能到达最终的目的地呢？"

佛陀接着说："我不会把人扛到我的肩上，带他到最终的目标。没有任何人能把人扛在肩上背到最终目标。基于爱与慈悲，引导者至多会说：'就是这条路，我就是这样走过来的。你也这样走，就能到达最终的目标。'但是问路的人都得靠自己脚踏实地地上路。如果你往前一步，你就接近目标一步；如果往前走一百步，就接近目标一百步；如果走完了全程，就到达了最终的目标。"

每个人最终都得达到自己独立的地步，老师只是一个指引者，你必须要能自己做主，如果还需要依赖他人，那就没有解脱可言。在这个过程中，我们也常常像是在迷雾中行走，远远望去，眼前是迷蒙一片，辨不出方向和状况，于是我们迟疑，我们驻足。当我们终于鼓起勇气，放下恐惧和疑虑，一步一步向前走去的时候，就会发现，其实每走一步都能将下一步的路看得更清楚一些。

所以往前走，别停在远远的地方观望，这样你才可以找到你的方向。

思在未来，
行在当下

　　不论谁，只要用生活的每一刻、每一天、每一年来增长智慧，增进慈悲心或自在心，应该都是从当下这一刻所发生的事而习得的。解脱如是可能，那一定是在当下，当下即是解脱的时刻。如果我们未来会活得很快乐，那是因为我们现在渴望并努力活得快乐，我们的所作所为都在累积，未来就是现在所作所为的结果！

　　亲鸾上人是日本一位著名的禅师。在他 9 岁那年，就下了出家的决心，并请慈镇禅师为他剃度。慈镇禅师问他："你年纪这么小，为什么要出家呢？"

　　亲鸾回答道："我虽然只有 9 岁，父母却已双亡。我不知道为什么人一定要死亡，为什么一定要与父母分离。所以我一定要出家，探索这些道理。"

　　慈镇禅师说："好！我愿意收你为徒。不过今天太晚了，待明日一早，我再为你剃度吧！"

亲鸾拒绝说："师父！虽然你说明天一早为我剃度，但我终究是年幼无知，我不能保证自己出家的决心是否还可以持续到明天。而且，师父你年纪这么大了，你也不能保证自己明早起床时还能活着吧？"

慈镇禅师听完，不禁欣喜异常，满心欢喜地说："你说的话一点也没错，现在我就为你剃度。"

人生无常，变化无常，思在未来，却要行在当下。人生中，许多的事情，我们都没办法预料到。有人说，计划总是赶不上变化；有人说，办法总比困难多一点。面对世事的无常，我们要把握当下的每一刻，不要虚耗宝贵的时光。

一个和尚想要西行取经，师父问他："你什么时候动身？"

和尚回答道："下个星期就起程。因为旅途遥远，我特意托人打了几双草鞋，拿到了以后就动身。"

师父说："不如这样，我请信众捐赠。"

也不知道师父告诉了多少人，当天竟有好几十名信众送来草鞋，堆满了禅房的一角。第二天一早，又有人送给和尚一把伞。和尚问道："你为什么要送伞？"

"你的师父说你要远行，路上恐遇大雨，问我能不能送你一把伞。"

和尚非常感念师父的细心，但这一天不只一人来送伞，到了晚上，禅房里堆了几十把伞。

到了晚上，师父来到和尚的禅房问："草鞋和伞够了吗？"

　　"够了，够了！"和尚指着堆在房间里小山似的鞋和伞，"太多了，我不可能全部带上。"

　　师父说："这怎么行呢？天有不测风云，谁能料到你会走多少路？淋多少雨？万一草鞋穿坏了、伞丢了怎么办？"接着师父又说，"你一定还会遇到不少河流，明天我请信众捐舟，你也带着吧……"

　　和尚马上明白了师父的用心，立刻说道："弟子现在就出发，什么也不带了。"

　　在人生的路上，从来没有完备的准备，需要时刻出发的心，最好的脚步就是行动，行动中包含着魔力。用坦荡的心态去面对种种的困境，不负当时的发心，再艰难的道路，需要的是行走不止的脚步而不是空想。

好品性是将任何事做得长远的重要助缘

以平常之心，接受已发生的事；以宽阔之心，包容对不起我们的人；以不变之心，坚持正确的理念；以喜悦之心，帮助须帮助的人；以放下之心，面对难舍的事；以美好之心，欣赏周遭的事物；以真诚之心，对待每一个人；以愉悦之心，分享他人的快乐；以无私之心，传承成功之经验；以感恩之心，感激拥有的一切。

通过一个人的品性就能知道他的心，也能判断出他的人生境遇如何。品性是内心的显现，也是人牢靠的基石。

有这样一个故事：有个商人在一个冬天的夜晚，不慎把皮包落在一家医院里。商人焦急万分，因为皮包里不仅有巨额的现金，而且还有重要的商业文件。

当他赶到那家医院时，一眼就看到，在医院走廊里，一个瘦弱的小女孩紧紧抱着那只皮包，冻得瑟瑟发抖。

原来，这个女孩是来医院陪病重的妈妈治病的。她们很穷，卖掉了所有的东西，凑来的钱仅够支付一个晚上的医药费，第二天母亲就会被赶出医院。晚上，女孩在医院走廊里走来走去，希望能碰上好心人救助她的妈妈，却意外发现这只丢失在地上的皮包。

回到病房后，她打开了那个皮包，却被眼前的巨额现金惊呆了，这些钱不但能支付所有的医药费用，还足够她们过上富裕的生活。但女孩的妈妈却让女孩回到走廊，等待丢包的人回来。她对女孩说："丢钱的人一定万分着急，即使我们再穷，也不能贪取不属于我们的东西。"

商人非常感动，要尽最大的努力帮助这对善良的母女。女孩的母亲后因医治无效去世，商人就收养了这个孤儿。女孩接受了良好的教育，毕业后开始帮助商人经营。在长期的历练中，女孩已经成为一个优秀的商业精英，商人的许多商业决策都要征求女孩的意见。

商人在临危之际，留下一份遗嘱，上面写着：

在我认识她们之前我已经很富有了。可当我站在贫病交加却仍然坚守做人准则的母女面前时，才发现她们才是最富有的，而这恰恰是我所缺少的品性。我的钱财以前都是以不当方式获取的，一定不会长久持有。我收养她并非出于同情。相反，我才是真正的获益者，有她在我的身边，我才能时刻保持清醒，知道哪些事该做，哪些事不该做，什么钱该赚，什么钱不该赚，这就是我后来的生意一直兴旺发达的根本原因，这一点我深信不疑。我的亿万资产将全部留给女孩继承，这不是报恩，而是因为只有她身上所拥有的品性，才能管理好这份产业。即使是充满欺诈和争斗的商业世界，品性才是真正的关键。

良好的品性是将任何事情做得持久长远的重要助缘，最终得到生活优厚的回馈。

上天不会让你背负你承受不了的苦难

　　每个人从出生，就注定一辈子都踏上要剥丝脱茧的艰辛蜕变之旅。人生的困境，只是自己编织出来的蜘蛛网，网住了自己的见识；人生的绝境，只是你内心创造出来的假象，蒙蔽了自己的视野。上天不会让你背负你承受不了的苦难，生命里那些让你过不去的境遇，恰恰都是未来让你成长蜕变的养分。

　　提起苍蝇，相信没有人会喜欢，它们浑身沾满了细菌，还嗡嗡叫地扰人清闲，污染人类的食物，赶不尽，还杀不绝，有着旺盛的繁殖力。

　　可是，如此龌龊令人生厌的昆虫，却意外地印在了澳大利亚的纸币上，获得无上的地位。为什么澳大利亚人会把苍蝇放到他们的纸币上呢？

　　翻阅资料，你才会发现，苍蝇居然是澳大利亚人的骄傲，因为这个国家竟然改造了人人生厌的苍蝇。

　　原来，从前澳大利亚的苍蝇和所有的苍蝇一样，也生活在污秽不堪的地方，而勤劳的澳大利亚人把苍蝇赖以生存的肮脏之地统统清除干净。从城市到乡村，都美化得如同花园一般，使得寄生于肮脏环境中的苍蝇一下子失去了容身之处。

　　出于自然的选择，澳大利亚的苍蝇为了生存下去，不得不改变了饮食习惯，经过无数的尝试，它们终于找到了新的食物——植物浆汁。

　　就这样，这种追逐腐臭之物的昆虫放弃原来的习性，竟然和蜜蜂一样采食花蜜，而且能够为庄稼和树木传授花粉。

　　丑陋蜕变为美丽，肮脏转化为洁净。澳大利亚的苍蝇逐渐受到当地人的青睐，因为它们已经变成益虫。于是，为了纪念它们的贡献，澳大利亚人在国家发行的50元纸币上印上它们的形象。

　　当我们对人生抱怨时，应该想想澳大利亚人改造苍蝇的故事。

　　通过改造，可以产生变害为益、妙手回春的神奇功效。我们知道，书法家在临池行笔时，常常有点石成金的神奇功力，因为他们尤其擅长将功补过。一个"大"字，即使前两笔写歪，也能通过最后潇洒的一捺来平衡全字结构。所以，通过改造，因势利导，任何缺憾都有消失的可能，甚至这一补救，不仅能够出色地挽回败局，还能完成崭新的蜕变。

『为了玫瑰，也要给刺浇水』

如果我们的眼光总是集中在困难、挫折、烦恼和痛苦上，那么我们的心灵就会被一种渗透性的消极因素所左右。我们要善于在黑暗中看到光明，在似乎无望的生活中看到希望的阳光，把困境带来的压力升华为一种力量，引向对己、对人都有利的方向，在获得人生成功的同时，获得积极的心理平衡，收获心灵的幸福。

阿拉伯有句谚语道："为了玫瑰，也要给刺浇水。"就是说，在这个竞争激烈的社会里，要想出人头地，有所成就，就必须忍受随之而来的痛苦和挫折，并转化为提升的能量，才能开花结果。

日本有一位赫赫有名的矿业大王曾说过："只有足够的忍耐才能成就大的事业。"

他小时候曾受雇于高利贷者，当过一段时间的收款员。

有一天晚上，他去客户那里收款，而对方根本就不打算
还款，对他的态度非常冷漠，让他一个人干坐在那里，自己却
熄了灯上床睡觉。于是，他就在那里一直坐到天亮。

第二天早上，对方起床后看见他仍然坐在自己家，一夜
未睡，非常惊讶。而且他丝毫也没有显现出生气的表情，始终
面带微笑。这让对方大为感动，态度随即缓和起来，将欠款一
分不差地交到他手中。

他的这种忍耐得到了老板的信赖与认可。

后来，他又凑钱买下了一座铜矿。当时许多人纷纷嘲笑
他说："这个人肯定是疯了。这个时候买矿，不赔得倾家荡产
才怪。"但他从来不介意别人怎么说，依然拼命地带人挖矿，
就这样，两年过去了，资金一天天减少，却连铜的影子都没
见着。手下的人开始抱怨，有些人还公开指责他。但是他咬着
牙，忍住了这些气，坚持了下来。到第四个年头，终于挖出了
铜，事情从此有了转机。

正是凭着这种忍耐的个性，他成为日本名震一时的矿业大王。

后来他总结道："大家都在问我成功的秘诀是什么，其实
只有一句话，那就是能够忍住一时之气，苦撑到底。"

漫长人生中，什么都不是一眼看到头的，一时的春风得
意算不了什么，一时的失败也不能算数。人生进退是常事，想
要成功，关键在于能不能熬得住。所谓"熬"，是不轻易放
弃，不轻易改变，是欢喜中持有一份凝重，悲哀时多留一丝希
望，是对生活的负责任，是谨慎对待每一个属于自己的日子。

当世界上所有人
都在努力奔跑时，
记得要缓慢行走

　　能让内心保持宁静的人，才是最有力量的。当世界上所有人都在努力奔跑时，记得要缓慢行走。

　　生活的艰辛，命运的坎坷，其实都是上天赋予我们的宝贵财富。当你这一切都坦然平静地走过，你会突然发现，这样的人生才是完整的，才是人生路上最值得回味的、最美的风景。

　　这是一个发生在美国的真实故事：有一个农场主为了方便拴牛，便在庄园的一棵榆树上箍了一个铁圈。但随着榆树的长大，铁圈慢慢嵌入了树身之中，榆树的表皮留下一道深深的伤痕。

　　某一年，当地发生了一种奇怪的植物真菌疫病，方圆几十公里的榆树全部死亡，唯独那棵箍了铁圈带着伤痕的榆树幸存下来。植物学家对此感到惊奇，于是专门组织人员进行研究。研究结果发现，正是那个给榆树造成伤痕的铁圈救了它，因为榆树从锈蚀的铁圈里吸收了大量铁粉，所以才对真菌产生了特殊的免疫力。

至今，这棵树仍生长在美国密歇根州比犹拉县附近的那个农场里，依然生机勃勃地生长着。

轮回的路上，并非都是鲜花坦途，常常会有不如意的事发生，令我们纠结于心，叹息不已。

逆境是成长必经的过程，不要把境况看得那么坏，要勇于接受逆境。当困难克服了，困境过去了，才会尝到人生的真味，生命也会因此而日渐灿烂。

在顺境中修行，永远不能成佛，我们要感谢给我们逆境的一切。

第五章

生命，
应该失去的是无知

『我没有得到任何东西，我只是失去了我的无知』

　　当佛陀成道的时候，有人问他："你得到了什么？"他说："什么都没有，相反地，我失去很多。因为现在我知道，任何我所得到的东西一直都在那里，那是我清净的本性，从来没有人将它从我身上拿开，所以我没有得到任何东西，我只是失去了我的无知。"

　　一次，佛陀给大众开示"随其心净，则佛土净"的道理。舍利子听后，心生怀疑：如果说心净则佛土净，那世尊在因地时的心岂非不清净，要不然他的娑婆世界怎会如是杂乱秽恶？

　　佛陀知道了他的心念，问："盲人看不见天上的日月，是日月的过咎吗？"舍利子回答："不！是盲人自己的问题，非日月之过。"佛陀说："同样，我的佛土非常清净，只是众生见不到而已，并非如来的过咎。"

此时，螺髻梵王对舍利子说："你不要认为婆婆世界不清净，在我的眼中，释迦牟尼佛的刹土清净无垢，宛如自在天宫。"舍利子不相信，说自己所见的全是泥石瓦砾、丘陵坑坎。

于是佛陀以脚趾压地，顿时三千大千世界庄严无比、极其清净，呈现出无量的功德。舍利子见后叹为稀有。佛陀说："我此佛土恒常清净，只不过你没有见到罢了。譬如天人享用同一食物，由于各自福德不同，所感受的味道千差万别。同样，众生因为业力有异，有些人见不到此土功德庄严。只有心清净的人，才能见到诸法清净。"

当我们心中有佛时，所见的都是光明，所说的都是善良；当我们心中有魔时，所见的都是黑暗，所说的都是邪恶。

佛在《华严经》中也说："众生心净故，得见清净刹。"

万法本来是清净的，我们之所以看不见，是因为自己的心有问题。如果我们对这个世界充满了怨气，那么这个世界怎么可能给予我们快乐与幸福？所以不要给自己的冷漠找理由，不管有多少障碍，也应该坚持我们善良的本初；不管有多么无奈，也应该敞开我们宽容的胸怀。

从前，国外有位教师，他对玫瑰花过敏。有一次，他正在课堂上讲课时，突然发现旁边放了两盆玫瑰，立即眼泪鼻涕直流，喷嚏接连不断，当然，这堂课讲得很不成功。事后他责骂管理员："你明知我对玫瑰花过敏，为什么还给我摆这个花？"管理员说："我放的是两盆塑料玫瑰，没想到你对假花也过敏。"

可见，外境中不存在实有的不清净，一切都是自己的心在作怪，心可以把真的当作假的，也可以把假的反认为是真的。

佛陀认为，世间没有任何圆满与不圆满、顺境和逆境、好与坏的区别。我们为什么会生烦恼，都来自二元分别的起心动念，再加之"我执"的推波助澜，就会认为"顺我心者"就是圆满和愉悦，"不顺我心者"就是不圆满的逆境和挫折。

万事万物原本的样子就是自然的状态，但因我们愚昧的习性和内心的造作，一味地用自己心中的标准去衡量外界，所以我们总是会对很多事或人看不顺眼。其实，这样的起心动念已经播种下了苦种。

如同我们梳理洗净后照镜子，却发现镜子里的人儿脏兮兮的，便认为一定是自己没洗干净，所以反复使劲擦洗，可无论多么努力地擦洗，镜子里的人还是和原来一样，其实，是镜子脏了，自己没有觉察而已，这说明我们陷入了"我执"的圈套。其实，只要把镜子擦干净了，才能反照出我们最真实客观的面庞。

伤害你的，
其实是你
对事情的看法

　　我们常常以受害者自居，认为世间所有的痛苦都集中到自己一人身上，"为什么倒霉的总是我""这不公平""我简直是天底下最可怜的人"……但真正带给我们如此巨大痛苦的，却往往不是事情本身，而是我们对事情的看法。

　　同样一件事，不同的人有着不一样的感受。比如同样是考试没考好，一种人可能会无所谓，觉得这次考试只是普通的测试而已，考不过也没多大关系，下次还有机会；而另一种人却痛不欲生，他们会觉得，自己付出这么大的努力，别人对自己期待这么高，绝不能失败。因此他们的心理感受完全不同。

　　这让我想起一个故事。

　　曾经有个人在一个雨天乘坐公交车，因为人多，车上拥挤不堪。这时，他突然觉得后边有人的雨伞尖碰到了他的脚踝，他本想回头斥责那个人，但车里实在太挤，他根本无法转身。当车颠簸时，雨伞尖就刺得他更疼了，他心里充满了怒火，心想：等一会儿非得好好教训那个人一番。

好不容易到了下一站，一些乘客下车了，他终于能转过身来，以顶开那刺人的雨伞尖，并且愤怒地瞪着那个不长眼睛的家伙。

出乎他意料的是，对方竟是一个盲人，而碰到他脚踝的东西并不是雨伞尖，而是那个人手里的拐杖。他原本要爆发的怒火突然间消失无踪，而脚踝似乎也不那么疼痛了。

为什么他的疼痛感会在一瞬间突然消失呢？就因为这个时候他的想法变了。表面上看，他的愤怒缘自刺痛他脚踝的那个人，但实际上，这种怒气是来自"这个家伙非常无礼，我被冒犯"的想法。所以，当他发现对方是个盲人时，认为对方"无礼"的这个想法根本站不住脚，而愤怒的情绪也就随之转变了。由此可见，身体上的痛觉往往会因心理疼痛而被放大，只要消除了心理的病因，痛疼的感觉会大大削弱。

原谅他人，即是善待

在一个雾气笼罩的清晨，有个人吃力地划着船逆流而上。突然间，他看见一条小船顺流向他直冲而来，眼看就要撞上他的船，他高声喊叫道："小心啊！"但那条船还是直接撞了过来，他的船差点儿就被撞沉。于是他暴跳如雷，开始向对方大声谩骂，却没有得到回应。当他仔细一看，发现原来不过是一条无人驾驶的空船，他的气恼马上就消失了。

在人际关系中，我们常常因为无知而表现出固执、傲慢的情绪，在我们因为他人的"缺点"而暴躁不安时，却往往忽略了我们自己也有缺点，许多伤害就在无意间发生。这种"无知"，指的是我们对事情缺乏全局的考虑，对他人缺乏换位思考的关怀，所以我们过分纠结于他人的"缺点"，固守自己的偏执和成见，结果只能对自己造成更深的伤害。

与其说改变自己的看法，友善而宽厚地接纳别人对自己的伤害，不如说是放过了自己，更深刻地了解自己的短处。

　　有人常说，最大的痛苦往往来自身边最亲近和信任的人所带来的伤害。事实上，同样的伤害，只不过因为关系越亲近，在心理上让人更难以承受罢了。即使伤害已经过去很久，有些"受害者"仍然记忆犹新，陷入受害的情绪之中不能自拔，无异于是用别人的错误来惩罚自己一生。

　　放下别人的错，解脱的是自己的心。看起来是原谅别人，其实是放过自己。有时候人的眼睛看世间、看他人，就是看不到自己，能看到别人过失，却看不到自己的缺点；能看到别人的贪婪，却看不到自己的吝啬；能看到别人的愚昧，却看不到自己的无知；能看到别人的目光短浅，却看不到自己的狭隘。

　　人生就是要多些反思，多些扪心自问，才能认识自己，幸福才会不期而至。

佛陀曾经说过这样一个故事，有一个富家媳妇，因为经常被婆婆责骂，便赌气走进林中。她爬到一棵树上，想暂时安歇一个晚上。树下有一个池塘，她的身影正倒映在水中。

这时走来一个婢女，挑着水桶准备取水。她看见水中的倒影，以为就是自己，便自言自语地说道："我长得这样端庄美丽，为什么替别人挑水呢？"于是，她立即打破水桶，回到主人家中。

她对大家说："我长得这样端庄美丽，你们为什么还让我干挑水这种粗活？"

大家议论道："这个女人大概是被鬼魅迷住了，所以才会说如此的蠢话，干如此的蠢事。"大家并不理睬她，又交给她一只水桶，再叫她去取水。婢女重新来到池塘边，又看到了富家媳妇的倒影，便再一次打破了水桶。

　　富家媳妇在树上目睹了发生的这一切，忍不住笑了起来。婢女见水中的倒影笑了，便抬头一看，只见一个妇女坐在树上微笑，她容貌端庄，服饰华丽，非己可比，顿觉羞惭。

　　佛陀说："我为什么要讲这个故事呢？是因为世上有倒见愚惑之众，被眼前的假象所迷惑，根本看不清事物的本质。"

　　假象，就像人做梦一样，可能我们在梦境当中会大喊、大哭，但梦醒之后知道一切都是虚妄的，不是事实真相。佛说我们现在的行为也是梦幻泡影。看我们周遭的事物就能知道，人有生老病死，山河大地成住坏空，这些现象没有一样是永恒的。

不要做念头的奴隶

心态好，人缘好，因为懂得宽容；心态好，做事顺利，因为不拘小节；心态好，生活愉快，因为懂得放下。别让脾气和本事一样大，越有本事的人越没脾气。

心态好的人，处处圆融，处处圆满。好的心态，能激发人生最大的潜能，是我们最大的财富。

曾经，有个女人因为内心烦恼不已，专程来见佛陀，向他问道："世尊，我常听您说世间、出世间，但我一直没有搞清楚它们的真实含义，请为我开示。"

佛陀看出了她的烦恼，于是问道："你最近遇见了什么烦恼吗？"

那个女人答道："一直以来，我孩子都不听我的话。"

佛陀接着问："难道你觉得孩子就应该听你的话吗？"

女人诚实地答道："我一向是这么认为的。"

佛陀问道："那么，当你的孩子不听话的时候，你会怎么样呢？"

女人答道："我很生气，会大声斥责他，有时会有意冷落他，当然还有别的方式可以惩罚他。有时愤怒到了极点，我甚至想动手打他，虽然很少发生这样的事，但仇视他的念头会不由自主地浮现心头，那时候，他就是我的敌人。接着，我会开始后悔生养了他，然后后悔结婚，如果没有结婚就不会出现这么多的麻烦。我因此变得焦躁不安，内心难以平复。"

佛陀听完她的诉说后平静地说："这就是所谓的'世间'。"

佛陀又问她："如果你的心里再没有了'孩子必须听话'的念头，或是你并不在意这样的念头出现，那又会是什么情形呢？"

女人低头沉思了一会儿，回答说："如果没有了那个念头，我会马上变得轻松起来，不必再强硬地逼他这样或那样，就如同一个牧童牧牛一样，牛吃它的草，独自嬉戏玩耍，我则在一旁欣赏四周的风光，为什么非得让牛听我的话呢？这种念头本身就很可笑。如果换做是孩子，没有了那个念头，或者不再在意那个念头，我的内心会生出一份宁静，我会笑着看着孩子，被眼前的一切所打动，手中的茶盘，窗外的阳光、楼台、吹拂的风……一切都是那么美好，即使孩子的吵闹也变成了美好的一部分，充满着不可思议的力量。"

佛陀微笑着听完，对她说："这就是'出世间'。"

所谓世间就是因果，相信你的念头是因，所产生的情绪

　　与反应是果，身心烦恼即是世间。不相信你的念头就是出世间，不被自己的念头所编织的情景所束缚，就断绝了生出烦恼的因，自然也没有了烦恼这个果，你即是出世间的人。

　　心情不是人生的全部，却能左右人生的全部。心情好则一切都好，心情不好则一切都乱了。

　　我们常常不是输给了别人，而是输给了坏心情。坏心情影响了我们的形象，降低了我们的能力，扰乱了我们的思维，从而使我们做事平白增添许多磨难。

　　控制好心情，生活才会处处祥和。好的心态塑造好心情，好心情塑造最出色的自己，别让人生输给了心情。

痛了，自然就会放下

常常听到有人感叹，我活得"太纠结"，为生活，为情感……我们也都知道，放下即解脱，却不知如何能放下。

其实，即使做不到真正的放下，起码能暂时放一放，转移一下注意力，跳出纠结的围墙，让心轻松地放飞一会儿，也许你再转回头看，先前的纠结也就释然了。

人最怕的就是执迷，但只要假以时日，没有什么是放不下的。

一个痛苦的人对禅师说："我很痛苦，因为我无法放下一些事，无法放下一些人。"禅师道："这世上没有什么东西是放不下的。"那个人固执地说："有些事和人，我真的放不下。"于是，禅师让他拿着一个茶杯，然后往里面倒热水，一直倒到水溢出来。那个人被烫到后，马上松开了手。禅师说："看吧，这个世界上没有什么事是放不下的，痛了，你自然就会放下。"

　　凡夫常会简单地认为，人生应该追求没有痛苦的境界。但是，如果我们不知道苦从何来，又如何逃离苦海呢？凡夫从来不愿意直面人生本是残酷的真相，因为如实面对，意味着必须放弃对人生所抱持的幻想，所以并不愿意觉醒，只想紧抓自己的信念不放，不愿意放弃自己的妄想，正是这造就了人生的种种不幸。

　　当痛苦和各种困境来到面前时，如果选择将其挡在门外，其实也就是把我们的人生拒之门外。如果我们直接面对，向内洞察我们的愤怒、恐惧和困惑，那么我们所遭遇的一切都会帮助我们觉醒。

转念就能转运

　　两个在工作上都不如意的年轻人，一起去向师父诉苦："我们在公司老受老板斥责，同事排挤，怎么办呢？"

　　师父听完，只说了五个字："不过一碗饭。"

　　两个人回到各自的公司后，一个人立刻辞职，回家种地去了；另一个却选择了继续留下来。

　　不知不觉十年过去了。

　　回家种地的那个年轻人，经过不懈的努力，成了知名的农业专家，成就了一番事业；而留在公司的另一个年轻人，渐渐地适应了工作，受到了老板的器重，当上了经理。

　　当两人偶然谈起这件事时，那位农业专家问："当时师父说'不过一碗饭'，不就是告诉我们，何必非待在公司不可？一碗饭而已，所以我辞职做我想做的事了。为什么当初你没走？"

那位经理说："我和你的理解有所不同，师父说的是，在公司工作不如意时，只要想到只不过是一碗饭，就不必那么在意、那么计较，学会带着轻松的心情面对，就不会那么烦恼了。"

于是，两个人一起去见师父，想问个明白。

然而师父并没有回答他们的问题，只说了五个字："不过一念间。"

念力是有力量的，转念就是转运，不同的念头，就会导致不同的人生结局。

人生无常，难免会有时顺境，有时逆境。我们要学会通过转念，转逆境为顺境。压抑的时侯，换个环境呼吸；困惑的时候，换个角度思考；走不通的时候，路的旁边还有路；无须解释的时候，沉默是金。

只是，绝不要在坏情绪来临的时候冲动地做出任何决定，这时的决定有可能会令人后悔一生。没有过不去的坎，其实，天很蓝，路更宽！

一切悲喜，皆由心生

　　有些念轻轻放下，未必不是一种解脱；有些人慢慢遗忘，未必不是一种轻松；有些痛渐渐淡忘，未必不是一种睿智。身安，不如心安；路宽，不如心宽。一无所有的时候，守着自己的心便可安然。

　　佛说：众生无我，苦乐随缘，宿因所构，缘尽还无，何喜之有？得失随缘。一切悲喜都由心生。放下越多，收获便越多。

　　有很多人不重视修心的重要性，实际上，没有一次起心动念不对我们的生活产生各种各样的影响，不要小看一念的力量，一念虽然微小，但产生的能量却势不可挡。

　　曾经，有一个武士杀人如麻，他自觉罪孽深重，唯恐死后会下地狱，便去见一位禅师，问他是否真的有天堂和地狱。

　　禅师问他是做什么的，武士如实相告。

禅师说："你长得如此猥琐，怎么会有人肯收留你做武士呢？"

武士非常愤怒，立刻拔出剑来，要朝禅师头上劈去。禅师突然说道："地狱之门就此打开。"

武士立刻有所醒悟，举起剑的双手缓缓放下，跪倒在禅师面前，为自己刚刚犯下的罪孽不住地忏悔。

禅师缓缓地说："天堂之门敞开了。"

世界看起来复杂异常，其实也很简单，可以说我们就生活在一念之间。一念之间可以上天堂，一念之间可以下地狱，就看我们如何起念转念了。

所以，我们要时时洞察心念的起伏，如同观察我们的呼吸一样，通过念力的转化，来改善我们内心的状况，不知不觉当中，就能改善我们生活的境遇。

『心中有事世间小，心中无事一床宽』

　　人心是变幻莫测的，往往"一念"之间，一切都已颠倒、改变。一念太快了，甚至来不及让自己的心静下来。

　　心理状态决定做人做事的态度，而态度又无形中决定人的习惯，不用说，习惯又决定人的命运，所以你的心才是真正主宰自己命运的主人。

　　一个人的人格伟大固然值得敬佩，但可敬佩的人格往往来自偶然的一念，就是心念的自然流露。偶然的一念看来不甚重要，但往往能透露人心灵的深度。

　　有一位囚犯，他每天可以活动的区域仅限于只有几平方米的牢房，不自在又不能活动。他的内心充满着愤慨与不平，认为住在这么一间小囚牢里面，简直是人间地狱，所以每天都在不停地抱怨着。

　　有一天，牢房里面飞进一只苍蝇，到处乱飞乱撞，嗡嗡叫个不停。他不胜其烦，心想：我已经够烦了，又加上这只讨厌的家伙，我非捉到你打死不可！

苍蝇飞到东边，他就向东边一扑；苍蝇飞到西边，他又往西边一扑，捉了很久，还是无法捉到它。

后来，他若有所悟："原来我的囚房一点儿也不小啊，居然连一只苍蝇都捉不到。这真是'心中有事世间小，心中无事一床宽'。"

人生在世，各人有各人的因缘，各人有各人的机遇。有的人一生一帆风顺，有的人一生跌宕起伏，有的人一生平平淡淡、庸庸碌碌。不管人生处于何种境地，都不要放弃，不要抱怨，更不要嫉恨。不贪，不嗔，不求，就会知足。

知足，自然常乐；知足，心就会变得安宁。用平淡心处世，生活怎能不恬静快乐呢？

我们无法强大到去改变环境，但是我们可以改变自己的想法。不要计较外境的好与坏，只要内心不为外境所动，则一切荣辱、是非、得失都不能左右我们。

倒掉内心的贪嗔痴，
才有办法装甘露

　　人生就是一次觉悟的旅行，我们要用平和而不带成见的心态面对一切，不应因为执着而失去了对生命的敏锐和洞察。佛说"如实现"，指只有开放而包容的感知，才能体会到生命的本来意义。

　　很多年前，有一个年轻人为了寻求人生的真理，花了很长的时间跋山涉水，到各地探访智者，他求教过很多人，但始终还是觉得不满意。

　　后来，他听说在一座山中有一位得道的高僧，能解答人生的各种疑难问题。于是，他又一次兴冲冲地起程，去寻访这位高僧的住处。

　　一路上，他问过所遇到的樵夫、农夫、猎户、牧童、采药人，得到的回答不一，但他抱定决心，一定要找这个所谓的高僧。

　　一天，他在路上遇见一位拿着破碗的乞丐，并向他讨水喝。年轻人便从身上取下水袋，倒了一些水在碗里。还未等乞丐去喝，水就流光了。无奈，年轻人又倒了些水在碗里，并催促乞丐赶紧喝。可碗刚端到乞丐的嘴边，水又流光了。

　　此时，内心充满烦躁的年轻人，想尽快摆脱这个令人厌恶的乞丐，因此不耐烦地喊道："你拿一个破碗怎能盛水？怎么能用它来解渴？"

　　没想到，那个乞丐指着那只破碗对他说："我听说你一直四处向人请教人生的道理。表面上你很谦虚，但实际上，你的内心就像这只破碗，用这'破碗'衡量别人的话是否合你的心意，不接纳不合心意的说法，遇见事端无法心平气和。这些成见和烦燥的情绪在你的心中造成了很大的漏洞，因此，你难以得到答案。"

　　年轻人一听，恍然醒悟道："大师难道就是我要寻找的高僧？"可是那位乞丐已经离开，不知去向。

　　心灵有了漏洞不可怕，可怕的是明知有漏而不去省悟，那样只会越漏越大，贻害自己的人生。当你的心是平和的，离于任何的执着或成见，且无论你做什么都如法时，你体验到的每件事都是本然清净的。

　　我们应该依靠自己清净的本性、智慧，转变错误的念头，依正知正见修行。所以，我们要放弃自己的成见，把内心的贪嗔痴、妄想、分别、执着这些毒药倒掉，才有办法装甘露。

一位修行者问禅师："人人都有一颗心，为什么却有心量大小的区别？"

禅师没有直接回答他的问题，而是对他说："请你闭上眼睛，在心中默想构建一座城池。"于是修禅者依言闭目冥思。

禅师接着又说："请你再闭上眼睛，在心中默想构造一根毫毛。"修禅者又在心中默造了一根毫毛。

禅师于是问道："你在构建城池时，是用你一个人的心去建造，还是借用了别人的心来建造呢？"

修禅者答："我的心。"

禅师又问："你在造毫毛时，是用你全部的心还是只用了一部分的心？"

修禅者答："全部的心。"

于是禅师对修禅者说："建造一座庞大的城池，只需要一颗心；构建一根小小的毫毛，仍是用一颗心。由此可见，人心是能大能小啊。"

世界上最宽阔的是海洋，比海洋还宽阔的是天空，比天空还宽阔的是人的心量。做人的心量有多大，人生的成就就有多大。

可见，世间万物全在我们自己的心中，好坏都是我们的心所分别出来的。心清净则一切清净，心不清净则一切不清净，所以对自己内心的调伏很重要。

佛陀说："能够调伏自心的人，比拿下一个城市者，更是勇士，因为他获得了真正的解脱自在。"我们不能只为了瞬间的喜悦而不顾一切地追求，不能只为了一己之利去争、去斗、去夺。一定要扫除报复之心和嫉妒之念，这样才可能在漫长的轮回途中让自己一路开心！

学会让自己安静，把思维沉淀下来，修剪心头的强烈欲望；学会让自我常常归零，把每一天都当作是新的起点。遇到心情烦躁的时候，喝一杯清茶，放一曲舒缓柔和的音乐，闭眼回味身边美好的人与事，慢慢梳理新的未来；或者盘腿打打坐、读读经，这些既是一种休息，也是一种修行。

不要习惯了得到，
便忘记了感恩

很多时候，我们总是希望得到别人的好。一开始，感激不尽，可是久了，便习惯了。习惯了一个人对你的好，便认为是理所应当的。有一天不对你好了，你便觉得怨怼。其实，不是别人不好了，而是我们的要求变多了。习惯了得到，便忘记了感恩。

的确如此。有些朋友虽然一直惦念，却始终没有联系。我们总有各种理由，总觉得生活少了些什么……其实，也许我们只是需要放空自己，改变自己。

这个世界是自己的，与他人无关，因为，没有人能真实体会到你所感受的痛苦和幸福；人生的旅程是一个人的经历，沿途风景只有自己知道，因为，没有人能陪你同时走到生命的终点。所以，别太计较一时得失，别太看重功名利禄，别太在意别人的评价，别让自己的心太过劳累。放飞心情，让烦恼随风而去吧。

不要背着昨天追赶明天，
会累坏每一个当下

身在尘世中翻滚，心哪能没有浮沉？一桩未了的心愿，一段搁浅的感情，一个失散已久的音容，人生，起起伏伏，或得或失，每一寸光阴都承载着悲喜。学会沉淀，沉淀阅历，形成智慧；沉淀情感，丰满心灵；沉淀心情，换取宁静。沉淀，不是消沉，而是用一颗淡然的心审视浮躁，在宁静中找到属于自己的位置。

有一位老人，每一次来到寺院时，总唉声叹气，心事重重。

法师问他："你的生活不是一直很顺利吗？"

老人说："确实还算顺利。"

法师问："那你为什么愁眉不展的？"

老人说："生活中烦心事实在是太多，本来认为解决了儿子就业的问题，就可以高枕无忧，谁知女儿婚姻又出问题了，刚解决这件事，老家弟弟又出事了，好歹办妥了，老伴却又病倒了，事情总是一件接着一件。"

法师笑着说："我给你讲一个故事吧。曾经有一个傻子，低着头在雨中慢腾腾地走，旁边路人急急忙忙地从他身边跑过去，一边跑一边喊：'傻子，快点往前跑啊，下雨呢！'那个傻子却不紧不慢地答道：'跑什么，前面也在下雨呢。'"

有喜有悲才是人生，有苦有甜才是生活。无论是繁华还是苍凉，看过的风景就不要太留恋，毕竟你不前行生活还要前行。再大的伤痛，睡一觉就把它忘了。背着昨天追赶明天，会累坏了每一个当下。边走边忘，才能感受到每一个迎面而来的幸福。

总有那么一些人，喜欢把自己平庸的人生归咎于条件不好，可条件都好了，我们还用奋斗吗？

　　成功不能一味苛求条件，如果一味苛求条件，再好的条件也只能成为你捆绑在翅膀上的黄金，它不仅无助于你成功，反而会拖累你前进的步伐。

　　弱者等待条件，强者创造条件，真正的成功者就应善于在没有条件中创造条件。

　　一群弟子向禅师问询消除烦恼的方法，禅师反过来问他们："怎么才能除掉野草？"

　　一个弟子说："用铲子把杂草全部铲掉。"

　　另一个弟子说："可以一把火将草烧掉。"

　　第三个弟子说："把石灰撒在草上就能除掉杂草。"

　　第四个弟子说："他们的方法都不行，那样不能除根，必须把草根挖出来。"

听完弟子们的说法后，禅师说："你们讲的都有道理，那么，我们就把这块草地分成几块，按照各自的方法除去地上的杂草，到明年的这个时候再看看效果。"

弟子们用尽了各种各样办法都不能铲除杂草，到了约定的时间，禅师带着他们去看禅师所采用的方法。

在他们的眼前，那块原来杂草丛生的地已经不见了，取而代之的是成熟的庄稼。

禅师告诉他们："只有在杂草地里种上庄稼，才是除去杂草的最好方法。如同在烦恼丛生的地上，要播种智慧和美德。"

烦恼是不会终止的，我们必须不断地与烦恼共处，充分体验自己的情绪，尤其是痛苦的时刻，这时就需要爱和智慧。用仁慈之心面对自己和世界，回到当下，用觉知之光照亮当下的困惑与焦虑，学会与烦恼相处的方法。

不要执着于常识

　　从前，有一个人从印度北部迁徙到印度南部，从此留下来成家立业。

　　每一天，他的妻子都煮好饭菜摆在桌上，他一拿起饭就大口大口吞下，从不管饭菜是否烫口，好像已经饿了很久一样。

　　妻子觉得怪异，直到有一天忍不住问他："这里又没有人跟你抢，你为什么不慢慢地吃呢？"

　　他回答："我祖先数代以来，都是这种吃法。"

　　"哦！原来如此。"妻子还是不解地问道，"但为什么你祖先要这样狼吞虎咽呢？"

　　他说："反正祖先们这样吃一定有他们的道理，所以到我这一代，照着做就不会错啦！"

　　其实，印度北部地势高峻，猛兽出没频繁，祖先们为了随时戒备猛兽的袭击，于是养成了狼吞虎咽的吃饭习惯。随着后代人类版图的扩张，飞禽猛兽已经大量减少，但人们自那时养成的习惯还是被子孙们照搬无误地沿用至今。

还有一位画竹出名的大师，某次受人之托画一幅竹林，他以高超的技法画了一幅红色的竹林。请他画画的人收到画后十分不解，向大师说出自己的疑问："大师，感谢您为我作画，可是您将竹子画成红色了，世界上哪有红色的竹子呢？"这位大师反问他："你想画成什么颜色的呢？""当然是黑色了。"那个人答道。

大师说："那么，有谁见过黑色的竹子呢？"

在日常生活中，对一些事物的熟知形成了我们的常识，然后化为心中不可动摇的权威，从此，这些常识成了人们习以为常的教条。因为常识给我们带来安全感。

实际上，很多常识是僵化的，它只是我们肉眼所看到的事物的部分真相，过分相信常识，一定会阻碍我们对生命内涵的深入探究。对常识的执着，往往会麻痹我们的思考，使我们用静止的思维看待事物，最终常识形成了成见，更形成了偏执。所以，要放弃执着，首先就要放弃思想上的迷执，在司空见惯处发出疑问，避免陷入执着的苦海。

保持内心的宁静，是最有力量的修行。佛说，人的痛苦，源于追求了错误的东西。我们常常苦苦地追逐，又执着地放不下。殊不知，有些不甘放下的，往往不是值得争取的；有些苦苦追逐的，往往不是生命需要的。我们要做的是让心静下来，心静下来才知道自己到底想要的是什么，让心静下来，静观自在。

在茫茫沙漠地带，有一个名叫比赛尔的小村庄，这个村庄里的人从出生到死亡，一辈子就待在这个荒凉的地方，从来就没有人想过要走出沙漠。曾经有一些尝试离开的人，最后又都回到了这里。

这个奇怪而有趣的现象引起了英国皇家学院的注意，于是，他们派出肯莱文院士前往比赛尔，进行实地调查，为什么这些人永远都走不出沙漠怪圈。

　　肯莱文发现，村庄的自然范围并不大，周围四通八达，最蹊跷的是，村庄旁边就紧邻着一片绿洲。从沙漠到绿洲，仅仅只需要三天的路程，为什么大家宁愿坐困荒凉之地，也不愿意前往绿洲，寻求更好的发展？

　　对于肯莱文的疑问，所有村民只有一个回答："因为我们根本走不出去！"

　　肯莱文觉得不可思议，村民无论朝哪个方向走，都会走回到村庄吗？于是，他雇了一个当地人带自己离开沙漠。十天以后，当地人无奈地指着前面的小路告诉他："如果我们从这条路继续走下去，前面就是比赛尔了。"

　　肯莱文感到不可思议，自己竟然又走回了比赛尔。

　　经过一番思索，肯莱文告诉那个当地人，白天他们休息，晚上看着天上的北斗星，朝一个方向走。结果，没过多久，在北斗星的指引下，肯莱文终于带着这个村民走出了沙漠，成为第一个走出沙漠的人。

　　肯莱文研究的结果是，因为在沙漠里没有路标，无法辨别方向时，如果不认识北斗星，就会一直走弧线，而不是直线。

　　我们走路的时候，要先以眼见道而后行，如果不能先认清道路，就会步入歧途。

人生的缺憾，
往往来自错误的见地

　　佛陀曾经讲过这样一个故事：

　　一位年老的富翁，非常担心他从小溺爱的儿子会没有出息，虽然儿子可以继承丰厚的家产，他却担心这反而会给儿子招来祸害。于是他决定，让儿子出去闯荡，靠自己的能力去寻找珍贵的宝物。

　　这个年轻人建造了一艘坚固的大船，在亲友的欢送中出海。航行中，经历了无数的风暴，大船被风浪冲击得伤痕累累，后来终于搁浅在一座岛屿上。

　　为了寻找补船用的木材，他徒步走进岛上的一片树林中。此时已经意志消沉的他，却意外闻到一种世间无比的芳香，让他心旷神怡。他闻香而寻，终于发现这香气来自一种非常稀罕的树木。他砍下一块试图用来修补破船，又发现这木块竟会沉到水底。年轻人高兴得大叫起来，认为自己找到了心目中的宝物。

　　当年轻人把这种带着香气的树木拉到市场出售时，却无人问津，这让他非常失望。而他旁边的摊位上有人在出售木炭，总是很快就卖光了。开始时，年轻人还不为所动，但日子一天天过去，他的心也渐渐地动摇起来，开始寻思："既然木炭这么好卖，为什么我不把香木变成木炭来卖呢？"

　　于是，他把香木全部烧成木炭，运到市场出售，果然很快就卖光了。当这位年轻人带着收获返家，扬扬自得地向父亲讲述了所发生的一切时，父亲却不住地叹息。他遗憾地对儿子说："那些被你烧成木炭的香木其实就是世间最珍贵的'沉香'啊！只要一小片，就抵得上一车的木炭。"

　　我们心中所说的缺憾，往往来自错误的见地。就像明明拥有沉香，却从不识它的珍贵，反而羡慕别人手中的木炭。因为一时的利欲熏心，盲目贪图眼前的蝇头小利，没有定力，最后竟丢弃了自己的宝物而不知。

第六章

善恶即在心念间

人生虽然如戏，
也要演好自己

相似的人生，都有不同的精彩。人生如梦，岁月无情，蓦然回首，才发现活着是一种心情。

穷也好，富也好，得也好，失也好，一切都是过眼云烟。不管昨天、今天、明天，能豁然开朗就会是美好的一天；不管亲情、友情、爱情，能永远珍惜就会有好的心情。

佛陀说："地狱在哪里？地狱就在人的身心里。尘世中，人由于欲望难以满足，而产生了贪欲之渴和憎恨之火，焚烧身心。乞求解脱的人，必须远离欲望之火。"

有一位禅师说道："人生如同傀儡戏，嬉笑怒骂，都身不由己。"为此，他给弟子们讲了一个故事。

他昨天进城的时候，忽然听见了一阵锣鼓声，走近了一看，原来是一块黑布围成了一座戏台，戏台上有十几个木偶，有的很漂亮，有的很丑陋；有的穿戴华丽，有的破衣烂衫。这些木偶都能转能动，能说能唱，会笑会哭。

当他正看得津津有味时，忽然看见黑布在晃动。走进去一瞧，原来黑布的后面有一个人，双手牵着木偶身上的绳索，口中模拟出不同的声音。

他看这一切实在有趣，忍不住问这个人："先生贵姓？"

那人继续忙着手里的事，回答道："你只管看戏就好了，何必问什么姓呢？"

当时，禅师就被他说得哑口无言。

禅师最后总结道："木偶看上去有的贫穷，有的富有，有的在哭，有的在笑，说明世俗的富贵贫贱都是虚幻不实的。木偶被黑布后面的人牵着，说明人生在世，不能自己做主，而是要受别人的摆布。熙熙攘攘的世人，都是这些被操纵的木偶，怎么也离不了那无形之手的摆布。而那只无形之手，就是名利权势、金钱富贵等形形色色的外物，无人能逃脱。可见，人生如戏，戏如人生啊。"

静下来想一下，究竟我们为什么如此奔忙？也许我们所付出的努力，仅仅换来了一些本可以不需要的东西。欲望被无明滋养着，无休止地追逐着新的境界，使我们的心被它左右而不得自在。欲望越多，由此而来的烦恼也就越多。多欲之人，多求利故，苦恼也多；少欲之人，无求无欲，则无此患。

与其埋怨世界，
不如改变自己

不同的心境，看不同的景致，也体味全然不同的人生。同样的境遇，有的人仿佛置身天堂，有的人感觉如处地狱。法国文豪雨果曾说："丑就在美的旁边，畸形靠近着优美，丑怪藏在崇高的背后，恶与善并存，黑暗与光明相共。"

人生犹如一丛玫瑰，鲜花与芒刺共存，就看我们关注的是什么。

曾经，有个年轻人向一位智慧的老者请教："为什么善良的人常常饱含愁苦，而那些恶人却过得逍遥自在呢？"

老人回答说："如果一个人内心有痛苦存在，那就说明这个人的内心有和痛苦相对应的恶的存在。如果一个人的内心没有恶，那么这个人根本不会感到痛苦。既然你经常感到痛苦，说明你内心还有恶存在，并非自诩的'善人'。而你所谓的'恶人'未必就是恶人。一个人能够快乐地生活，至少说明这个人还不是纯粹的恶人。"

年轻人不服气地说："我一向心地善良，怎么会是恶人？"

老人说："你把你的痛苦说出来，让我告诉你，你的内心究竟存有哪些恶。"

年轻人说："我有很多痛苦，比如我的收入很低，家里房子不够大，家里人常常和我唱反调，有些低学历的人能挣很多钱，逍遥自在，我有这么高的学识，却赚这么点钱，社会太不公平了……"

听完年轻人发的一大堆牢骚后，老者说道："你的收入可以养活全家，你们全家也有房屋住，并不是流落街头，只不过是面积小了一点罢了，你为此感到痛苦，可见你对金钱和住房还有贪心，自然会痛苦，这贪心就是恶心；文化水平低的人发财了，你不服气，这就是嫉妒心，这嫉妒心也是恶心；你自认为高学历就应该有高收入，这是傲慢心，傲慢心也是恶心，这种看法同时也是愚痴心的表现，学识不是富裕的唯一来源，愚痴心也是一种恶心；家人与你意见相左，让你感到不快，这是没有包容心，为什么非要强求他们的想法和你自己一致呢？如此的心胸也是恶心。正因为你的内心存在着这些恶，所以你就有和这些恶相对应的痛苦存在。"

年轻人问："我明白一点儿了，可是我该怎么办？"

老者说："要用知足心看待你的境遇。那些富人虽然有钱，充其量也只是没有饿死和冻死而已，我们与他们又有何异？人是否快乐，并不取决于外在的财富，而是取决于自己的态度。

用乐观、平和的心态接受眼前的一切赐予，内心自然就会快乐起来。

"别人得到要像自己得到一样开心，别人失去要像自己失去一样难过，这样的人才是真正的善人。而你现在因为被别人的财富额和幸福感超过就不高兴，这是嫉妒心，要用随喜心取代它。

"还有，人一旦有了傲慢习气，就会对自己的缺陷熟视无睹，根本看不清自己内心的种种恶，堵塞了自己的进步之门。一个人只有培养谦卑的态度，内心才会感到充实和平安。

"虚空能够包容一切，所以广大无边、融通自在，大地能够承载一切，所以生机勃勃、气象万千。如果一个人的心胸能够像虚空一样包容万物，这个人怎么会有痛苦呢？怎么会有恶心出现呢？"

这贪心、嫉妒心、傲慢心、愚痴心皆是恶心。正是我们内心被这种恶心充斥，才会产生与其相对应的痛苦。与其埋怨世界，不如改变自己。管好自己的心，做好自己的事，比什么都强。因为善良生满足，生欢喜，还生宽容。真正心地纯洁、和善美好的人对痛苦是钝感的，有衣蔽体则知足，见人行善则随喜，度己之短则谦卑，百川汇流则海涵。心中充满感恩，温暖时时相伴，念念宽恕别人，和气自然相随。

人的幸福与苦恼
全由自己的观念造成

　　人一走，茶就凉，是自然规律；人没走，茶就凉，是世态炎凉。一杯茶，佛门看到的是禅，道家看到的是气，儒家看到的是礼，商家看到的是利。茶说："我就是一杯水，给你的只是你的想象，你想什么，什么就是你。"

　　有位失眠的患者跑去找心理医师，希望能获得解决办法。

　　"那很简单，"医师告诉他，"你是做羊毛生意的，应该熟悉绵羊吧。只要你一上床，就开始数绵羊，从一开始按顺序数，慢慢你就会睡着的。"

　　第二天，那位患者怒气冲冲地冲进医师的诊疗室。心理医师惊讶地问道："怎么？不管用吗？"

　　那位患者说："在使用你的方法之前，我至少还可以睡两三个小时，但是昨天晚上，我根本睡不着了。因为我一直在数，数了成千上万只羊，然后我想，那也不是办法，所以我开始剪下它们的毛，一堆又一堆。之后又想，这些羊毛该怎么处理？所以我开始拿起那些羊毛来做地毯，那是我的本行，现在已经累积有一万件的毛毯了。"

他接着说："所以，我快被逼疯了，现在我的脑子里有上万件的毛毯，然而现在市场又很差，很难找到买主，你让我怎么办……"

还有个人到心理医师那儿，说："我觉得很困扰，我每天晚上都做同样的梦，梦见自己站在一个挂着牌子的门口，一直推、一直推，无论我再怎么用力推，即使弄得满身大汗，门就是推不开……"

心理医师听完他的话，便问他："你看到门上那块牌子写着什么吗？"

那个人说："上面写着'拉'。"

许多思虑过度的人，脑子会对同一件事情进行一遍又一遍的反复演练，对自己的耗损就像被过度绷紧的琴弦一样，总有一天会崩断。

人之所以活得累，一是因为太认真，二是因为太想要。"太认真"形成了偏执，"太想要"形成了欲望，固执和欲望迷乱了心，常常让我们挣扎在追求与放弃之间，纠结在取舍与得失之间。

有人说："名利的欲望太强烈就等于自己跳进火坑，贪婪之心太强烈就等于自己沉入苦海。只要有一丝纯洁观念就会使火坑变成水池，只要有一点警觉精神就能使苦海变成乐园。"

是的，人的幸福与苦恼全由自己的观念所造成，观念的转变可以为人生带来全然的改变。

越是看重的，
越是得不到

　　每天见很多人，说的大都是不快乐的事。事业成功的说压力大，工作清闲的说没前途；没有结婚的说怎么还遇不到合适的人，结婚的却说遇到的人不适合自己……幸福像皮球一样被踢来踢去，烦恼却像宝贝一样，谁都不肯撒手。

　　我们往往以为，通过外界的满足才能使自己快乐，其实真正的快乐，是需要通过内心来寻找的。

　　一位功成名就的作家总觉得每天的生活十分忙碌，他感到很疲劳却又无法摆脱，于是向一位禅师请教。

　　作家向禅师坦言道："我真是受够了，为什么出名后反倒觉得工作越来越忙，生活越来越累，反倒不如出名前的自在清闲呢？"

　　禅师问道："那么你每天都要忙些什么呢？"

　　作家如实相告："我一天到晚都要忙着交际应酬，既要演讲，参加各种座谈会，还要接受各种媒体的采访，当然，我还要继续写作，实在力不从心了。"

禅师听完后，打开屋子里的衣柜对作家说道："我这一辈子买了不少不错的衣服，你现在把这些衣服都穿在身上，就能从中找到答案。"

作家不解道："我现在穿着这身衣服就足够了。现在你要我把这些衣服都穿在身上，我肯定会觉得不舒服的。"

禅师说道："这个道理这么简单，想必你也清楚了。"

作家道："我还是不明白你的意思，请你赐教。"

禅师说："其实你穿着自己身上的衣服已足够了，如果再给你穿上更多的衣服，你就会感到很沉重。是虚荣遮住了你的眼睛，你只是一个作家，并非是一个交际家，也不是一个演说家，更不是一个政治家，你为何强求自己扮演不同的角色，而满足自己一时的虚荣心呢？这难道不是自找苦吃、自找罪受吗？"

作家醒悟道："每一个人都只能追求属于自己的东西，做自己力所能及的事情，就足够了，何必再给自己增加不必要的负担呢？我做好自己的本分就足够了。"

有一则寓言说，一种喜爱背负东西的虫子，爬行时遇到的东西，总是抓取过来，背在身上，结果东西越背越多，越来越重，即使非常劳累也乐此不疲。因为它的背不光滑，东西堆上去不会散落，最终被压倒爬不起来。有的人因为可怜它，去掉它背上的东西，可是它仍然把东西像原先一样抓取过来背上，再加上这种虫子又喜欢往高处爬，用尽了所有的力气也不肯停歇，结局就是跌倒摔死在地上。

　　人的痛苦，源于执念。对人的执着，对事的控制，对物的欲望。过度地在乎反而会适得其反，不得所愿。越是不能放下的，越容易失去；越想抓住的，越是消失得快；越是看重的，越是得不到；越是在乎的，越抓不住。人生总是在为满足无休止的欲望而追逐着患得患失。

别忘了答应自己要做的事情，别忘了答应自己要去的地方，无论有多难，有多远。

　　有时候，我们注定活得很累，并非生活过于刻薄，而是我们太容易被外界的氛围所感染，被他人的情绪所左右，保持初心，才能感受到来自身边的点滴幸福！

　　在地球的最北端，是一片茫茫的雪原，很容易迷路，因此保持行进路线方向的正确，是非常重要的事情。可是，在这一处白色的荒地里，并没有任何的路标，探险家只能相信他们随身携带的测量仪器。

　　探险队员们每走一段时间，都要停下来查看一下地图，并为下一步探险绘制详细的行走路线。然而，就在他们走出营地很长时间之后，却发现一个奇怪的现象。当他们停下来读取测量仪器上的数据时，惊奇地发现，尽管他们似乎是准确无误地朝着北极方向进发，可是离极点的距离却越来越远。

探险队员们并没有多想，他们相信仪器不会出错，那可能只是一次误测，所以没有任何犹豫，他们继续朝前进发。在下一次测量数据时，他们再次发现，他们离北极点越来越远了。这让他们百思不得其解，尽管他们准确无误地沿着原定的路线行进，也始终保持着正确的方向，可他们为什么还是离极点越来越远呢？

最后，他们终于发现，原来，他们踏上了一座正在向南漂移的巨大冰川，冰川向南漂移的速度比他们向北行进的速度要快很多。即使他们做的每一件事都是正确无误的，可脚下却踏错了地方。

我们会不会时常反省，是否已经出发了太久，离初心却越来越远？是否被错误的念头误导太久，歧途已走得太深？

方向错了，当然越努力越失意！脚踏错了地方，无论走多远，与目的地的距离只会渐行渐远。所以，我们从一开始就应该警惕自己的立足点，反省自己的思维方式。应该明白，认识错误的当下，就是改正错误的最佳时机，相信一切都还来得及！

控制情绪，
从点滴开始

　　人生在世，没有一种快乐是专为我们设计的，也没有一种痛苦是单为我们预留的。

　　这个世上，有多少种心情，就有多少种开心；有多少种不幸，就有多少种心痛。好好善待自己，过去的能忘则忘，眼前的能不计较就不计较。学会放开自己，未来的不要想得太多，沉淀心情去除浮躁，心静得自在。

　　在世间，巴菲特是财富的象征，少有人能像他一样持续有效地创造更多财富。有一本传记曾对巴菲特作如此评价："把握事物本质的能力导致了他整个生活过程中的戏剧性。"

　　在巴菲特眼里，每种股票、债券，无论多么神秘，都存在着某种有形、有序的东西。而他的过人之处在于他的性格——严谨、理性。

　　巴菲特投资哲学总结为"试着买便宜的股票"，不去寻找

"内部信息"，永远使用简单公式计算公开数据。他从不迷信传统或权威，无论是所谓的"内部信息"还是来自学院的深奥理论。巴菲特从中列出三点标准：独立思考、情绪稳定、对人和机构行为的深刻理解。

其中最重要的是"情绪稳定"。毫无疑问，巴菲特有着相当高的自制力，他曾经写道："长年进行成功的投资并不需要极高的智商、罕见的商业洞见或内部消息。真正必要的是做决策所需的合理的知识框架，以及避免情绪化侵蚀智识的能力。你所必须做到的，就是约束情绪。"

避免情绪化侵蚀智识的能力，是巴菲特在多年经济投资中保持理智的重要一环。

巴菲特有个习惯，就是每隔两年会和一些好友到加州的水晶海滩打高尔夫球。有一次，一位保险公司董事长提议小赌一把，如果有一个人能一杆进洞，他就付给每个人 1 万美元，如果没有，每人需赔付他 10 美元。这却遭到了巴菲特的拒绝："我仔细计算过，一杆进洞的可能性太小了，几乎可以说是根本不可能。"

"如果你在小事上缺乏节制，在大事上同样无法节制自己。"这是巴菲特恪守的座右铭。由此可见，这位经济界大腕儿"精打细算"的程度，相较于普通人已经有过之而无不及。他已经精确到从小事上控制自己的智识，避免情绪化的冲动影响了全盘的考虑。

人生在世，喜怒哀乐皆情绪。情绪无时不有，无处不在，它的好坏直接影响着我们的生活质量。因为快乐的情绪能让人释放积极的因子，获得巨大的能量源泉；低落沮丧的心情会严重阻滞我们的干劲，也激不起对美好未来的期盼；暴躁易怒的情绪更会把我们的生活推向深渊，像一触即发的弓箭一般难以收手，从而酿成损失甚至灾祸。所以，一旦我们被情绪控制，就容易丧失理智，一失足成千古恨。

我们需要深刻了解两点：一是任何人都不可能永远事事如意，一帆风顺，情绪跌宕起伏本是常事；二是情绪与我们的无明烦恼存在密切的因果关系。我们只有控制好情绪，营造好情绪，转化坏情绪，做事才能得心应手，生活才能安定从容。

人为什么『喜爱的放不下，不喜爱的也放不下』

我们的自身，时常处于矛盾中，修行的过程，也是一个自我抗争的过程。

很多时候，我们需要不断提醒自己，凡事要往好的方面想，看人要看他善的一面。如果真做到了，生活会简单很多，快乐很多。

放下其实真的不难，只要意念放下，不断对自己说，不纠结，往好的方面想，起码那一刻你能放下，心也会随之舒展开来。

有一位禅师非常喜爱兰花，于是在寺旁的庭院里栽植数百盆各色品种的兰花，讲经说法之余，总是全心地照料。周围人都说，兰花好像是这位禅师的生命。

一天，这位禅师因事外出，嘱咐一位弟子照看。这位弟子接受师父的指派，为兰花浇水，但一不小心将架子绊倒，整架的兰花都给打翻了。弟子心想：师父回来后，看到心爱的兰花变成这番景象，不知要愤怒到何种程度呢。尽管心中惶恐不已，但他还是决定，等禅师回来后，赶紧认错，甘愿接受任何处罚。

没想到的是，禅师回来看到这一情景后，不但没有生气，反而心平气和地安慰弟子道："我之所以种植兰花，是为了用香花供佛，还可以美化寺院环境，并不是为了生气才种的。世间的一切都是无常的，执着于心爱的事物而难以割舍，那可不是禅者的行为。"

人在世间上，最难做到的就是放下，自己喜爱的固然放不下，自己不喜爱的也放不下。因此爱憎之念，盘踞我们的心头，哪里能快乐自主？只有对心爱的东西能够割舍，对顺逆都坦然接受，才能做到无爱无憎，远离颠倒梦想，清净无碍。

可是很多时候，我们并不知道该如何放下，如何才算是放下。其实等到有一天，当你再次面对你过往的难堪，对你曾经憎恨恼怒的人不再起心动念，能够坦然面对，一笑了之；即便别人在你面前讲述着你过往种种不幸时，你仿佛是在听别人的故事，心里一丝烦恼的涟漪都不会再有，那时的你，便已觉悟，那即是放下。

所以，当烦恼袭来时，当我们的心不快乐、马上就要生气时，一定要学会对自己说一声："我不是为了生气才活着的！"惟其如此，当我们慢慢找回自己的本初，就会发现，眼下一切的不快根本算不了什么。

放下过度的期望，
便没有失望

我们常常会努力做一些事情，只为了某些人的夸奖或者开心。但如果做了以后，看不到我们所期望的态度，委屈、抱怨的情绪马上会显现出来，最后原本好的发愿，反而弄得大家不欢而散。所以要么就做了，不去期望回报，要么就干脆不做，或者少做一点儿。因为，抱怨不仅会毁掉别人的好心情，更会毁掉自己的好心情。

曾经一个有名的禅宗故事。

云门禅师去参访睦州禅师，到了睦州禅师的道场，正是黄昏的薄暮时分。云门用力敲着两扇紧闭的大门，过了很长一段时间，睦州才来应门。云门道明了来意，正将一脚跨入门槛时，睦州出其不意地用力把门关上，云门大叫：

"哎哟！好痛哟！"

睦州："谁在喊痛呀？"

云门："老师！是我。"

睦州："你在哪里呢？"

云门："我在门外啦！"

睦州："你人在外面，为什么叫痛呢？"

云门："因你把我的脚关在门里面了。"

睦州："脚在门里，为什么人在门外呢？"

云门："你确实把我分成里外了。"

睦州："愚痴！一个人还有里外之分？"

云门于此言下，好像一锤击在心上，顿时粉碎虚妄的身心世界，终于大悟，证悟了内外一如，平等无二的道理。

有多少放下，就会有多少得到。得到了一些东西，必是舍去了一些东西。所谓的多少，得失，仅仅只是心底的幻觉。善恶，大小，美丑，好坏，佛魔，快乐与烦恼，幸福与痛苦……这些对立的，其实也是统一的，谁也无法把它们分离开去，只有忘记它们，不起分别之心，无所谓得，也就无所谓失。

一些得到，不一定会长久；一些失去，未必不会再拥有

历经风雨，才能看透人心真假。患难与共，才能领悟感情冷暖。

热情的未必长情，淡然的未必漠然。用眼看人会走眼，用心感受才是真。

陪你最久的，才是最爱你的人；伴你最长的，才是最深的情。

人生没有走不过的经历，只有走不出的自己；感情没有过不去的曾经，只有过不去的心情。

我们今生所有遇到的人和事，前世已注定；我们来世所有遇到的人和事，今生已注定。生命中的一切，我们都无须拒绝，笑着面对，不去埋怨。遇到的人，善待；经历的事，尽心，一切都是最好的安排。轮回路上，就让善意盈盈的每一段，写着努力与光明，写着平安与喜乐，写着慈悲与智慧。

　　有一位满怀怨恨的年轻人无法排解心中的苦恼，向一位禅师寻求开导。

　　原来，这位年轻人从一个贫困的农村来到大都市里闯荡，经过多年的打拼，吃尽了苦头，好不容易在一家企业里干到了管理层的位置，身边也有一位相伴多年可心的女朋友。可是不久前，所有的一切都毁掉了，老板因为种种原因将他辞退，换到一家新公司，又得从头做起，完全是两个天地。而女友得知他失去了收入丰厚的工作后，提出了分手，因为她觉得他无法为她提供安稳富足的生活。

　　年轻人愤愤不平地说："我跟了老板整整 5 年，竟换成这样的结果，一句话就让我走人。而我的女朋友当初来到这座城市时举目无亲，还是我帮她找到了工作，无微不至地照顾她，可她却在我最艰难的时候选择了离开。"

　　禅师耐心地听他讲述完后，不发一语，只是默默带着他在山间散步。忽然，禅师停下了脚步，伸手去抓一片飘来的柳絮，而柳絮每次都从禅师的手掌之中溜掉。年轻人不解地看着禅师的举动，禅师这时才对他说："我已经老了，抓不住这些柳絮。这世上种种美好与精彩就如这柳絮一样，不一定都能抓得住，如果抓不到，还不如送它一程，让它自由飞舞，让自己也得到安宁。这不是最好的选择吗？"

　　年轻人听了之后若有所悟。

　　回去后，他友好地与自己过去的老板和女友告别，也和自己的过去告别，不再纠缠在怨恨的情绪之中。在随后的日子里,他加倍珍惜种种机会和缘分,慢慢地,这样的心态让他赢得了周围人的尊重,也得到了回报和帮助,他的生活渐渐走出了困境。

后来,他想去感谢这位指点迷津的禅师。可让他没想到的是,那位禅师已经去世了。禅师的弟子告诉他,当时年轻人找到禅师诉苦时,禅师正遭受着病痛的折磨,可他仍然耐心地为年轻人解脱烦恼,把他送入了人生的正途。

生命,是一段旅途,一些得到,不一定会长久;一些失去,未必不会再拥有。

人生在世,总有一些事情我们只能欣赏,远远地,终也无法走近,最后,选择走开;总有一些感情,我们只能体会,默默地,终也无法接受,最后,选择离开。

人生,就是于选择中走向新的生活,于放弃间得到解脱自在,然后,继续前行。最使人疲惫的,往往不是道路的遥远,而是你心中的郁闷;最使人颓废的,往往不是前途的坎坷,而是你自信的丧失;最使人痛苦的,往往不是生活的不幸,而是你希望的破灭;最使人绝望的,往往不是挫折的打击,而是你心灵的死亡……

心重的人往往活得很苦

　　心重的人往往活得很苦，因为他们不懂得珍惜自己所拥有的，总是看见自己所没有的，甚至自我贬低，忘记了做自己最重要。

　　有两个年轻人，大学毕业后一起到大城市闯天下。

　　甲很快做成一笔大生意，升为部门经理；乙业绩却很差，还是一个业务员，并且成为甲的手下。乙心理不平衡，就去找一个智者解疑，那位智者说："你过三年再看。"

　　三年后，他又找到智者，很沮丧地说甲现在已经是总经理了。

　　智者说："过三年再看。"

　　三年又过去了，他又去见智者，怒气冲冲地说："甲已经自己当老板了。"

　　智者说："过了这么多年，你还不明白吗？你一直做什么呢？你在痛苦地为甲而活着，你现在最重要的事是找到自己。"

没过多久，乙又来了，这次他幸灾乐祸地说："老天有眼，甲的公司破产了，他坐牢了。"

智者感叹道："你怎么还这么执迷不悟呢？他破产坐牢了，他至少还是他自己。可是你这个可怜的人啊，到现在还不是你自己呀。"

几年后，甲在监狱里服刑时，写出了一本反思生命的书，在社会上造成很大轰动，而且因减刑提前出狱。甲因为那本书而声名大噪，还上了电视，向人们讲述自己的反思。

乙再次见到智者，痛苦地说："我的命实在太差了，而他居然坐牢都能坐出风光来，我实在想不通。"

智者说："没想到，这么多年你一直活在甲的阴影之下，把自己弄丢了，居然还说是命运的捉弄。"

有比较之心的人往往缺乏自信，活在他人的阴影中，充满了抱怨，最后把自己弄丢了。而有自信的人，对于自己所拥有的东西，是一种充实而满足的感觉，看到别人有而自己没有的东西，会觉得羡慕敬佩，进而欢喜赞叹，但他回过头来还是很安分地做自己。

善与恶，其实只在一念之间

　　有人说，天堂在天堂的地方，地狱在地狱的地方。有人说，天堂、地狱在人间。

　　我说，天堂、地狱，就在我们的心上，心善即天堂，心恶即地狱。天堂、地狱皆由心行造作。

　　我们的心，每天不知从天堂到地狱要来回多少次，善与恶其实只在一念之间。恶念涌现时，只需轻轻转个身，就能抓住善的影子。

　　对于别人的善行，即使不能亲力而为，也要由衷地赞叹，这样，会因心灵的美好感受到生命价值的提升。自己方便的时候，要善于帮助周围的人，并抱有不求回报的心态。

　　万物相关，善念相传，默默地关心与帮助他人，也是一种无形的布施。

　　在印度，有一个叫格依玛的村庄，那里土地贫瘠，人们十分穷困，甚至连填饱肚子都成了问题，村民们一直找不到解决之道。

而离格依玛村不远有一条破烂的公路，经过那里的车辆经常发生事故。有一次，一辆装载着食物的货车翻进了沟里。司机受了伤，拦车去了医院，而那些货物无人看管。村民见状，就将散落的食物拿回了家里，于是，一连好几天，家家户户都有东西吃了。

这件事给了当地人以启发，他们打上这条路的主意，毕竟车祸不会经常发生。于是，他们携带工具，在夜里将公路的路面挖得坑坑洼洼。

从此之后，来往的车辆在那里出事故的次数多起来。即使车辆不出事故，也因路况太差，行驶的速度都会大大减缓，村民们会尾随着车辆，趁司机不注意，偷偷地从车厢拿走一些他们所需要的东西。

最初他们只是偷拿一些食物，后来发展到无论任何货物他们都去拿，然后送到市场卖钱。再后来，他们就开始明目张胆地抢劫了。

一时间，那条公路变成最危险的路段，当地的警察局不时抓到抢货的村民，即使有人判了刑，但仍然无法制止抢劫事件的发生。村民反而学会了更加隐蔽地作案，有专人负责望风，抢到货物后就藏起来，让警察抓不到把柄。当地政府想了很多办法，试图引导村民走上正路，可是村民们已经从哄抢货物中尝到了甜头，无法收手。

后来，货车司机们干脆选择了绕开格依玛路段，这样一来，村民很长一段时间里都没有收获。有一天，一辆货车从那里经过，车上装的是一袋袋工业淀粉。格依玛村人没有什么文化，他们认为淀粉就是粮食，可以制成食物。于是众人一哄而上，抢走了车上所有的淀粉。

司机追进了村子，请求村民归还他的货物，但村民怎么会把到手的东西交出来，小伙子百般恳求都没有用，只得告诉村民们，那些淀粉是工业淀粉，不能食用，吃了会死人。但格依玛村人都不相信，因为这种淀粉无论是从色泽还是手感上，都与他们平时吃的淀粉毫无区别。小伙子本想去报案，但是他又担心自己一离开，有人将那些淀粉做成食品吃了，会闹出人命的，他不能眼睁睁地看着这些人去送死。

他一家家地登门去说明情况，甚至向村民们下跪请求："那些淀粉我不要了，但求求你们，千万别吃那些淀粉，那样是会死人的。"

小伙子的诚心打动了村民，有人就用淀粉喂鸡，结果，吃了这种淀粉的鸡不一会儿就死了。这时候，村民们吓坏了，如果不是小伙子的劝阻，一村的人都会没命了。他们抢了小伙子的货，小伙子理应怨恨他们，即使他们吃了那种淀粉被毒死，也是罪有应得。可小伙子为拯救他们的生命，不惜给他们下跪。这样的善良让村民们羞愧难当，又感动不已。

　　于是，村民们自发地将淀粉送到了小伙子的车上。此后，格依玛村人再也没偷抢过货物，他们说："还是想想那个好心人吧，我们伤害了他，他却救了我们全村人的命，我们还有脸继续干这种伤害别人的勾当吗？"

　　一个年轻人的善良居然解决了警察长期解决不了的难题，更重要的是，他改变了村民的心念。

　　善良是一种强大的力量，是看见光明、战胜阴暗、唤醒美好的力量，心怀善良，延己及人，便能洞穿黑暗，开启心与心的信赖与共鸣。

第七章

什么是人间

我们总以为世间最珍贵的是『得不到』和『已失去』

作为凡夫，我们无法清醒地认识到一个事实：每个人除了拥有此时此刻的当下，别无其他。我们常常对已经失去的过去和未知的将来耿耿于怀，因此忽略了此时此身所拥有的一切，就这样，日复一日，我们的苦毫无明显改观，只有毫无意义的重复。

"已失去"总是美好的，因为那里有随时可回味的记忆；而"得不到"则蕴藏着神奇，那是我们的欲望之源，让我们生命对即将降临的"惊喜"充满期待。于是，我们不偏不倚地沿着业力的轨迹来去往复，在过去与将来中挣扎和迷惘，唯独对此时此刻所拥有的视而不见。

从前，有一座香火很旺的寺庙，寺庙前的横梁上有一只蜘蛛在那里结网，由于每天都受到香火和虔诚拜祭者的熏染，蜘蛛便有了佛性。

有一天，佛陀经过这座寺庙时，看见了那只蜘蛛，便问道："你已经修炼了一千年，可知道世间什么最为珍贵？"蜘蛛回答道："'得不到'和'已失去'。"佛陀说："那么我一千年后再来问你吧。"

就这样又过了一千年，佛陀如约来到了寺庙，再问蜘蛛："你对那个问题可有什么更深的认识？"蜘蛛回答道："我还是觉得世间最珍贵的是'得不到'和'已失去'。"佛陀说："你再仔细思考，我会再来找你。"

又过了一千年，一天刮起了大风，一滴甘露随风坠落到蜘蛛网上。蜘蛛见甘露晶莹透亮，顿生爱意，每日望着，满是欣喜。不料狂风再起，将甘露吹走了，蜘蛛一下子便坠入痛苦之中，难以释怀。这时佛陀又来询问蜘蛛："这一千年你可有新的认识？"蜘蛛联想到甘露，更加确定地对佛说："世间最珍贵的还是'得不到'和'已失去'。"佛陀说："既然你这么肯定，那么我让你到人间走一遭吧。"

于是，蜘蛛投胎成了一个官宦之家的小姐，取名叫珠儿；甘露也投胎转世，成了金科状元。在一次皇宫的宴席上，珠儿和甘露再度重逢了。甘露仪表堂堂，人才出众，得到皇帝的女儿长风公主的青睐。但珠儿并不着急，她知道自己和甘露的缘分早已注定。

一天，珠儿去寺庙里烧香，恰巧遇见了陪母亲来烧香的甘露，甘露似乎全然忘记前世的事情，珠儿提醒他说："我就是两千多年前那座寺庙的蜘蛛啊。"甘露不解地说："我并不认识你，也不知道你说的是什么。"甘露离开后，珠儿不明白怎么会是这样的结果，从而深陷痛苦中。不想几天后，珠儿得到了更让她绝望的消息：皇帝把长风公主许配给了甘露，而把她许配给了自己的儿子——甘草。

珠儿听此一病不起，而得知珠儿大病不起的甘草前来探望，他含情脉脉地说："你可知道，自从那次宴席上看见你时，我就深深地爱上你，所以我请求父皇把你许配给我……"可惜珠儿已经听不见眼前深情的表白，她的灵魂马上就要离开躯体。

这时佛陀出现了，他问珠儿："你现在能告诉我什么是世界上最值得珍惜的吗？"珠儿说："还是'得不到'和'已失去'。"佛陀说："难道你还执迷不悟？甘露只是你生命中的一个过客，他被长风带来的，也被长风带走，所以他属于长风公主。而在寺庙里那段漫长的日子里，你网下的甘草一直默默地爱慕着你，只是他没有勇气表白，而你从来没有低头看过他一眼。"

这时，珠儿忽然醒悟，看着自己身边的甘草说："我终于明白，这个世界上最值得珍惜的是'当下'。"

世间确有让我们留恋不已的东西，比如财色，比如名利，比如爱情……这些"得不到"和"已失去"代表着我们被物欲迷惑而陷入自设的陷阱，得之欣喜，失之伤痛，心性随之颠倒，无法安住于当下，也就感受不到此刻最宝贵的馈赠，从而使自己一次又一次陷于生命的苦境之中。

　　我们伸手向空中一抓，发现过去的抓不回，未来的抓不到，可见已逝过往和未来期待根本不在我们可以把握的手掌中。所以，切不可一味地沉醉于由过去与未来堆砌的幻象之中，如同水中捉月一般，滑入妄想的深渊而不知。

　　回归当下是我们对生命最为深刻的领悟。面对当下，我们应当正视和自省我们的内心，把拳头打开，掌心向上，承接当下的雨露花香，安心于身边一花一叶、一事一物，把它当作参悟修行最珍贵的赐予。

『昨天是历史，明天是未知，今天是恩赐』

　　小时候，幸福是一件东西，得到了就是幸福；长大了，幸福是一个目标，达到了就是幸福；成熟后，幸福是一种心态，领会了就是幸福。其实，幸福就在当下，只有一个个当下串成的幸福，才是一生一世的幸福

　　曾经有一位施主问禅师："修行人平常的生活与普通人有什么不同？"

　　禅师平淡地回答道："并没有什么不同，都不过是吃饭睡觉而已。"

　　施主不解地问："既然都是一样地吃饭睡觉，那么修行人和普通人又有什么差别呢？"

　　禅师回答道："修行人吃饭的时候就是吃饭，睡觉的时候就是睡觉。而普通人该吃饭的时候不能好好吃饭，该睡觉的时候不能好好睡觉，总是胡思乱想，受百般烦

恼的困扰。"

智者只生活在此时此刻，他完全陶醉和专注于现在的时刻和眼前的情形，倾心于现在的问题。而普通人都不是活在"现在"，而是活在"从前"或是"将来"，让生命在回忆过去和等待未来之中不知不觉地流逝。

曾经有一位禅师在寺院里撒了一些草种子。没等他撒完，不少鸟就飞来啄食。小和尚见状心里很是着急，于是赶忙跑去问禅师："师父，您撒的草种子被鸟吃了，这可怎么办啊？"禅师不但没有丝毫的惊讶，反而安慰他说："没什么，就让它们吃吧。"小和尚不明白师父为什么一点儿也不着急，而他却为此坐立不安。

当天晚上又刮起了风，小和尚又连忙找师父，大喊着："师父，起风了，您撒的种子会不会都被刮跑呀？"禅师说道："不用去管它。"小和尚更想不通了，一夜也没睡好觉。

没过几天，天又下起了大雨，他又跑去找师父："师父，这么大的雨，种子会不会被雨水冲跑了？"禅师还是不动声色地说："别去管它好了，随它吧。"

又过了一段时间，小和尚惊奇地发现地里竟然长出一片绿油油的小草，他疑惑不解地问："师父，鸟吃、风吹、雨水冲，怎么还有种子会剩下来呢？"

"我撒种子的时候，用的力不是很均匀，有些地方撒得多一些，有些地方撒得少一些，撒得多了，是故意引鸟来吃。鸟吃才好啊，不然长出来的草会细；风吹也是好的啊，那些不饱满的种子被风一吹，自然会被吹跑，而饱满的种子会留下来；至于种子被雨水冲到哪里，就让它在哪里生根发芽吧。"禅师微微一笑，继续说，"所以，现在你明白了吧？你所担心的那些事，实际上对草的生长都是难得的助益呢！"

常常有朋友抱怨说没有时间，过得也不开心，每天忙忙碌碌，做的却不是自己想做的事。其实老天最公平的事就是分配给每个人每天均等的 24 小时。关键是我们如何合理地利用它，少做些无益的事情，明确自己生活的意义。

好好观察一下自己，你是否也是一直活得很忙乱，不论是吃饭、睡觉、工作、娱乐，总是既想完成这个又想顾全那个？是否今天的事尚未结束，就开始盘算明天的计划？是否每件事都很卖力，而当下正在做的事却不见成效？是否为了虚无的下一刻，而忽视了真实的此时此刻呢？

生活是一个天平，很多时候都需要平衡。即使人生无常，也要把自己想做的和不得不做的事放在天平两端，平衡好了就不会留下遗憾。

佛曰："心系当下，由此安详。"生活中的事情，无非分为已经发生的和尚未发生的两种。对于已经发生的事情，我们无法改变，也就无须执着；而尚未发生的事情，又分为两种情况，一种是用当下的行动能改变的，一种是无从改变的，我们

不要浪费时间和精力去追悔无法改变的过去，或焦灼于远未到来的未来，而是要努力做好当下。

心理学家威廉·詹姆斯说："我活在以一天为单位的小屋内，把昨天关在外面，明天还没有来，就不要急着过明天。"

"昨天是历史，明天是未知，今天是恩赐"，养成活在当下的习惯，未来就属于专心活在眼前这一刹那的人。

改变容貌的不是岁月，
而是心情

　　活得充实的人容易快乐，快乐源于每天的感觉良好。总忧虑明天的风险，总抹不去昨天的阴影，今天的生活怎能如意？总攀比那些不可攀比的，总幻想那些不能实现的，今天的心情怎能安静？

　　任何不切实际的东西，都是痛苦之源，痛苦源于不充实，生活充实就不会胡思乱想。努力过好每一天，我们的生活自然充满阳光。

　　一个人的外在形象，一个人的行为，都是一个人内心的映现，慈悲、平和的人会自然散发出亲切的光彩，要想自己成为什么样子，一切的取舍都在于自己。

　　曾经有一位雕刻家，小时候长得很好看，但随着年纪增长，却发现自己的相貌越来越难看，不忍目睹。雕刻家很着急，想了很多办法，但都解决不了问题。在医院用各种仪器检查，也查不出毛病。后来，无奈之下，他去拜访一位法师。

法师听了情况以后说："治好相貌变丑的毛病并不难，不过你要做一件事。"

雕刻家连忙答应道："无论让我做什么都可以。"

法师说："那就在我的寺庙里帮我雕几座观音像吧。"

于是，他就开始帮法师雕观音像。

这位雕刻家在以前的许多年中一直雕刻着鬼怪、夜叉。当他接受了任务，开始雕塑观音像时，会不由自主地模拟观音慈悲和庄严的表情。雕刻家日复一日地辛勤工作着，他不断模拟着观音的表情，不知不觉感到自己的身心和表情都得到巨大的转变。直到雕塑观音像的任务完成，雕刻家发现自己丑陋的面目居然被治好了，他又恢复了从前俊美的形象。

雕刻家问法师："你是如何治好我的相貌的？"

法师微笑道："其实，这一切的改变都是你自己完成的，当你经常雕刻夜叉鬼怪的时候，你会不由得就模拟夜叉鬼怪那些狰狞可怕的丑陋表情，久而久之，你的面貌就会变得丑陋而可怕。而当你雕刻观音像时，心里会观想着观音的慈悲、善良和美好，所以面貌就这样慢慢转化了。一个人外在的面貌就是他内心的映现。"

心生厌恶，那一定不会是好容颜。内心端庄慈悲，低眉善目，会让人不由亲近。相由心生，境由心造。如同财富来自施舍，尊贵来自谦恭一样，美丽的容貌来自柔和善良的性情，所以我们必须修好这颗心。

每一个人都有与众不同的芳香

　　有时候，我们并不知道自己在忙些什么，仿佛一切都是为了生活，为了最简单地活下去。

　　有时候，在无意中，我们像花一样，散发了些香味感染了别人，那是我们无法预知的，也无须刻意追寻的，那香味或许永远留在别人的心底，或许什么也没有。

　　因此我们不必为某些事或喜或悲，随意是最好的，这才是生命的本真。

　　曾经有一个年轻人，一心想开创一番大事业。一开始的时候，他还信心十足，但连续经受了几次挫折和打击后，他逐渐对自己丧失了信心，越来越自卑，认为自己就是一个废物。

　　为此，他专门去拜访一位事业非常成功的老者，希望能得到一些启示，改变自己的现状。他一开口就问道："为什么别人努力都会有所收获，而我一直也很努力，却一无所获呢？"

老者笑着问他："如果我送你'香'这个字，你会想到什么呢？"这位失败的年轻人答道："这个字让想到了糕点。我曾经开办过一家糕点店，但是已经关门了，但我还是总会想起那些香气扑鼻的糕点。"

老者随后带他去拜访一位动物学家，见面之后，长者向那位学者问了同样的问题。那位动物学家答道："这让我想起我正在研究的项目，因为在自然界中，有各种不同类型的动物，它们利用自身散发出来的香气做诱饵，然后去捕捉猎物。"

接着，老者又带他去拜访一位著名的画家，问的也是一样的问题。画家的回答是："这让我想到百花盛开的时刻，还有那些迷人的女孩子，那些芳香让我充满了灵感。"

年轻人一直没搞清楚长者究竟想要告诉他什么。

最后，老者带他去拜访了一位的商人，还是问了那个问题。商人答道："我想到了故乡土地的芳香，那是我一生都难以忘怀的美好。"

结束这些访问之后，老者才开口问年轻人："你已经见了这些出色的人物了，他们对'香'的理解与你是否一样？"

那位年轻人摇了摇头。

老者接着问道："那些人对'香'的理解有相同的吗？"

年轻人答道："每个人都有不同的认识。"

接着，老者开导了他，说："由此可以看出，每一个人都有与众不同的芳香，其实你不也一样拥有自己的芳香吗？为什么你做的不如别人那么出色呢？那是因为你只是在看别人欣赏他们独特的芳香，却把自己的芳香给忘掉了。"

　　曾经有一位幽默的禅师，每天对自己喊"主人"，然后再自己回应，如是希望自己能够时刻保持清醒，不管处于得意抑或失意的情况下，都不要失去自己的本来面目，保持自己做人的立场和生活的方向。

　　要知道，人世间的福祸决定于因果，因果是自作自受的，所以人的福祸决定在自己的手中。能真正做自己的主人，种出自己汗水培育出来的独特芳香，这便是自己的价值所在。

　　不要以和人相比来判定自己的价值，正因我们彼此有别，才使每个人显得特别；不要以别人的标准作为自己的目标，只有你自己知道，什么最适合你；不要因为沉湎过去或憧憬未来而使时间从指缝中溜走，过好今天，把握当下，你便精彩了生命的每一天。

学会感恩，才能获得命运的强劲回馈

　　我们来到人间，绝不是为了享受埋怨、仇恨、无知、贪恋、傲慢、冷漠……要远离这些人生的负面情绪，它们会消耗我们的精力，占据我们的快乐，侵蚀我们的生命。

　　凡事都往开处想，无论经历怎样的坎坷，始终用一颗温暖的心去面对人生。积极、乐观、豁达、从容、朴素、简单、宽容、善良……这些都是生命的正能量。

　　有个老人有五个孩子，但是个个都不奉孝，对父亲不管不顾，他只好沿街乞讨，沦为乞丐。他怨恨自己子女的不孝，对自己晚年悲惨的生活充满了哀怨。

　　有一天，他见到了佛陀，就上前问他："慈悲的佛陀，您有什么办法改变我如此糟糕的命运？"

　　佛陀并未回答，而是问他："你懂得感恩吗？"

　　老人回答道："我不懂什么叫感恩，还请您来指教。"

佛陀指着他要饭的拐棍问："你感谢手上的这根拐棍吗？"

老人答道："我确实得感激这根拐棍。我出去要饭遇到了恶狗时，它就是我的打狗棒；当我走在崎岖不平的路上，上坡下坡全靠它支撑；当我累了的时候，就枕着它睡觉。因此，我对这根拐棍非常感激，它对我的用处实在太多了。"

佛陀开示他说："非常好，从今以后，你要天天向这根拐棍说感恩的话，积累到一定程度，你的命运就改变了。"

听了佛陀的教诲，老人坚持每日对拐棍说感谢，渐渐懂得感恩那些施舍他的好心人，久而久之，他也渐渐懂得了感恩伤害他、欺骗他的恶人。最后，感恩让他的内心再也不生起丝毫怨恨之心，生活也变得快乐幸福起来。

有一天，老人前去佛陀处，想感谢他的教诲，正碰到佛陀在说法。佛陀见到老人来，马上对大众说："今天就请这位老人讲讲感恩的法。"

于是，老人关于感恩的故事得到广泛传播，他的五个孩子也听到了，一时间受到了震动，良心发现。老人最后得到了子女的赡养，他的命运就此得到了改变。

当我们内心对外境不顺的怨恨积累到一定程度，人生就会形成深深的迷障，让人前途渺茫。所以，与其埋怨世界，不如反观自己，改变自己。

改变人生，从感恩开始，感恩是人自性的纯真，当感恩的力量一点一点集聚，就能集腋成裘，最终获得命运的强劲回馈。

如果能常常想着
别人对自己的好，
我们就是幸福的人

如果你的生活以感恩为中心，你会活得很快乐。我们的感恩心、慈悲心是否每年、每月、每天在增长，这是评判我们的人生是否走对路的最基本的标准。

欧洲有一年发生了大饥荒，大家都因缺粮而食不果腹。在一个小镇上，这个时候最富有的人就是面包店的店主，因为就他家储存了很多的粮食。这个店主非常有爱心，他挑选了镇子里家庭最贫困的20个孩子，每天下午把他们招呼过来，免费给每个孩子发放一个面包。他把准备好的面包都放在一个篮子里面，让他们每个人自己去拿。

大多数孩子专挑最大的面包，只有一个小女孩总是等到所有的孩子都拿完后，篮子里只剩下最小的面包，她才去取，从来没有任何抱怨，并且遵照欧洲的礼仪，拿到面包后主动去亲吻面包店店主的手，以示感谢。

　　过了好些日子，这位好心的店主对这个表现特别的小女孩心生好感，于是，有一天他特意地做了一个最小的面包，并在里面放了一枚金币，他知道没有孩子会拿那个最小的面包。

　　第二天，果然那些孩子还像以往一样，把那些大的面包都拿走了，小女孩还是照常拿起最小的面包，并像往常一样感激地亲吻店主的手。

　　当她回家，准备与她母亲分享那个面包时，发现了里面的金币。她母亲立刻对她说："可能是那个店主不小心把这个金币放在面包里了，你赶快给他送回去。"

　　小女孩马上回去找到了店主，但店主告诉她这是他有意这么做的。他说："我这么做，是因为你虽然年龄小，却懂得谦让和感恩，而这些即便是大人也很少能做到，所以这是对你的奖赏，是你应该得的。"

　　秉承宽容不会气，保持低调不会亏，愿意放弃不会苦，适度知足不会悔，记住感恩不会怨，懂得珍惜不会愧。

　　感恩是一种善行，我们要感恩一切善待自己的人，感恩一切尊重自己的人。知恩图报不仅仅是一种品德，更是一种大智慧。一个人只有心怀感恩，才会懂得珍惜，才能赢得尊重。

只有惜缘，
才能续缘

　　在人生的道路上，我们会遇到很多人，其实有缘才能相聚。

　　万物皆缘，只有惜缘才能续缘，这也是因果。

　　过去佛陀在世时，有一位国王名叫波斯匿，听到佛陀说，人的生灭身中有不生灭性，心中十分疑惑，所以请佛开示。

　　佛陀就问："大王，您现在多大岁数了？"

　　波斯匿王回答："62岁了。"

　　佛陀再问："大王，您从出生至今，见过几次恒河水？"

　　波斯匿王回答："见过两次。我3岁时，母亲带我去拜耆婆天时看过一次，最近又看了一次。"

　　佛陀又问："大王，您3岁看恒河的心和62岁看恒河的心，是同一个还是两个？"

　　波斯匿王回答道："当然是一个，从来没有改变过。"

　　佛陀就告诉波斯匿王："会变的色身，并不是真正的自己，这个不会随年纪改变的心，才是你的真心，才是真正的自己。"

　　凡事都会改变，人有生老病死，世界有成住坏空。世间一切事物都是因缘和合而成，心念在变，因缘在变，所以周遭事物也一直在变。在这变的当中，消极的人选择逃避、放逸；而积极的人，却在这无常幻化的境界中，借着无常的道理，运用因缘法，积极地创造、建立善的缘起，改变自己的生命，并利用这短暂的生命自利利他。

要原谅生活中的不完美

我们不知道，哪一刻的分别就会成为"永诀"，那些曾经的争吵、埋怨、猜忌、烦恼，就那么重要吗？失去的时候，才会知道，在一起的日子，竟是如此的短暂；才会感到，早就该用宽容来善待彼此；才会悟到，我们争执对错没有丝毫的意义。

我们是否可以从现在开始就好好爱自己，好好爱身边的人？

有一位医生，因为两年前夫人的病故而一直被严重的抑郁所困。他们曾经无比恩爱，羡煞旁人。而失去了爱人，让他感到十分悲伤，终日郁郁寡欢。他于是向禅师寻求帮助。

对于这位医生的遭遇，禅师希望能够帮助他发现这出悲剧的意义，于是问他："如果是你先离世，而你的妻子比你活得长，那又会怎么样呢？"

　　医生答道："那对她来说这太可怕了，她会感到极大的痛苦。"

　　禅师说："那就对了，正是因为你先承受了，你的妻子才没有遭受这样的痛苦。"

　　听完禅师的开示，医生平静地离开了禅房。此刻，他终于领悟到解脱自己所遭遇困境的意义。

　　有句禅语说：你若了解，世间事如是；你若不了解，世间事亦如是。殊不知世间事大抵如是，只是我们的认知产生了偏差，影响了自己对于处境的判断。

　　我们不要去幻想生活里全是春天，每个人的一生都注定要经历雨雪风霜，跋涉坎坷，尝尽苦与乐。人生本来就是从一个梦想走向另一个梦想，从一个遥远走向另一个遥远。

　　要原谅生活中的不完美。学会以入世的态度去耕耘，以出世的态度去收获。

　　苦乐随缘，得失随缘，这也是随缘人生的最高境界。

人与人的距离，
只存在于人心，
而不在路途遥远

　　世上最遥远的距离，不是人与人相隔千万里，而是人与人近在咫尺，却心灵冷漠。一个人，当他的心冷漠时，他才会觉得，人与人之间有遥远的距离。而只要他有一颗关爱他人的心，肯伸出自己友爱的手，那么他与他人之间，就不会有任何距离。

　　人与人的距离，只存在于人心，而不在路途遥远。

　　在佛教里，菩萨被描绘成已经觉醒而且有大能力的人，他们非常有慈悲心，发愿将自己的生命奉献出来帮助其他的人。大部分的菩萨都是慈眉善目，但有一些"逆增菩萨"，虽然心地慈悲，但相貌却十分恐怖。他们的任务就是创造出艰难的挑战及困境来引导人们开悟。

　　曾经，有一个学习佛法的人，在工作上遇见一个很难应付的上司，这位上司不但独裁，而且经常提出无理要求，在他手下工作简直是活受罪。由于心情总处在压抑中，他几次都想辞职而去。

他的上师向他讲述了"逆增菩萨"的故事，告诉他遇到伤害要学会用智慧反转，于是他把上司"翻转"为菩萨，并且把他观想成一个满怀慈悲的人。将他加诸自己的种种困难，当作是特别为促进他心灵成长的修行方式。

这个办法非常管用，他开始放松自己，以良好的心态来面对困境，没过多久，他被提拔了，生活和事业的质量都得到了很大的提升。

智慧是什么？智慧就是懂得生活中该做什么，并知道如何去完成。

一个人如果能够正确评价环境，能够了解自己的长处和短处，能够知道自己生活的意义，能够履行自己的责任，能够以积极的心态去解决困难，能够知晓别人，并与之和睦相处，他就是智者。

所以，人人都可能成为智者，用智慧照亮人生之路。

总是低头赶路，
人生必然残缺

时光飞驰而过，时间如烟般消散。透过岁月的缝隙，回望来时的路，少了些许感动和期许。忙碌的日子只顾低头赶路，不经意间错过了很多风景，仓促间无法将美丽定格收拢。

繁华过尽，终是平淡，人生的舞台我们尽情演绎，或感动，或惊喜，或悲泣。点滴精彩，点滴收获，都是生命的馈赠。始终相信，美好在路上。

在国外，曾经有一名男子在地铁站里，用小提琴演奏了6首巴赫的作品。在他面前的地上，放着一顶口朝上的帽子。经过的人不会知道，这位卖艺者是世界上最伟大的音乐家之一——约夏·贝尔。他演奏的是世上最复杂的作品，用的是一把价值350万美元的小提琴。

在约夏·贝尔演奏的45分钟里，大约有2000人经过，只有6个人停下来听了一会儿，大约20人给了钱就匆匆离开，在此期间，他总共收到 32 美元。而两天前，约夏·贝尔在波士顿一家剧院演出，所有门票售罄，聆听他演奏同样的乐曲，平均每人得花 200 美元。

约夏·贝尔在地铁里的演奏，是《华盛顿邮报》关于"感知、品味和人的优先选择"的社会实验。实验结束后，《华盛顿邮报》提出了几个问题：一、在一个普通的环境下，在不适当的时间内，我们能够感知到美吗？二、如果能够感知到的话，我们会停下来欣赏吗？三、我们会在意想不到的情况下认可天才吗？

这次实验得出的结论是：当世界上最著名的音乐家，用世上最好的乐器来演奏世上最优秀的音乐时，如果我们连停留一会儿去倾听都做不到的话，那么，在我们匆匆而过的人生中，我们已经错过了多少美妙的东西呢？

确实，在这个世界上，大部分人的生活只有步履匆匆，心灵早已荒草丛生，对美好事物的感知已经迟钝。

在整日忙碌的状态之中，我们已经配不上闲情逸致了。一旦闲下来时，无聊、空虚、焦虑、抑郁、失落等不良情绪就会占据内心，因而常感到慌乱和不安。

那么，从今天开始，帮自己一个忙，不再承受身外的目光，不必在意他人的评价，为自己活着。

从今天开始，帮自己一个忙，做喜欢的事情，爱最亲近的人，抛弃伪装的面具，不再束缚情感的空间。

从今天开始，帮自己一个忙，卸下所有的负担，忘却曾经的疼痛，抚平心灵的创伤，让自己活得轻松而充盈。

有些梦想，并不是人生的动力

　　每个人心中，都有一块遥远的梦土，有些梦想，不过是对现实的嗟叹，它并不是驱策人生的动力，而只是抱怨的借口。

　　我们不断地找借口，不肯在现在就努力地踏出第一步，也许，是对现实生活的无奈吧。我们习惯于把梦想放在遥远的未来，对将来总是比现在感兴趣，唯独不喜欢现在这个时刻。其实这一刻，才是最真实的！

　　有人拜访一位禅师，禅师邀他进入内室，耐心地倾听那个人滔滔不绝地谈论自己人生的疑问，然后，禅师举起手，此人立即住口，以为禅师要指点他什么。

　　"你吃了早餐吗？"禅师问道。此人点点头。

　　"你洗了早餐的碗吗？"禅师再问。这个人又点点头。

　　禅师接着问："那么你有没有把碗晾干？"此人不耐烦

地回答道："为什么问这些无关紧要的事，而不是解答我的问题呢？"

"我已经告诉了你答案啊。"禅师回答道。

那个人当时不知所以然地走了，但过了很久，他终于明白了禅师告诉他的道理——要全神贯注地活在当下。

过去的事情已经过去了，未来的事情不必思量。全心全意地去关注眼前人、身边事，还有我们心里那些瞬间的感动。

我们能够把握的只有当下，日常生活处处是道场，活在当下就是在修行。当我们有了这样的认识，才懂得珍惜每一分钟、每一个念头，自会对所有的人事得到重新认识，对生命有更深的理解。活在当下，即是生活的全部。

万事万物都是我们的老师

在世间，我们的孤独，并非缺朋少友，而是心中的迷茫与彷徨，忘了自己来自何方，不知该去何处。

在印度，一个弟子曾经问他的上师："师父，请问您的老师是谁？"

上师答道："在我的一生中，曾有过无数位老师。即使再给我几年的时间，我也难以将他们一一细数出来。不过，让我印象深刻的有三位老师。

"第一位老师是一个乞丐。有一天我在山中迷了路，眼看天色已晚，不知何处可以容身。这时碰巧遇见了他，我便向他询问到什么地方可以借宿。他说，这里方圆几里之内都没有人家，如果不介意的话，那就跟他走。于是，我就跟着他，而且一待就是几个月。

"每天早上，我随他一起乞讨，这种生活漂泊不定，常常食不果腹、居无定所。可他总是非常快乐，从未表现过失望。令我印象深刻的是，每天晚上睡觉前，他总说：感谢上天的照顾，相信明天会更好。

"一直以来，我都在坚持苦修，常常陷入困境，有时会绝望，甚至产生放弃的念头。这个时候，我都会想起那位乞丐说的话：感谢上天的照顾，相信明天会更好。"

"我的第二位老师是一条狗。有一天，我因为口渴来到河边，碰巧它也在河边喝水。它可能是看见了自己在水中的倒影，因此惊慌起来，狂吠着跳进了水里，立刻，水中的倒影消失了。由此我感悟到一条真理：尽管你会感到害怕，但你一定要跳到水里去。"

"而我的第三位老师是一个男孩。我遇见他时，他的手里正捧着一根点燃的蜡烛，要到寺庙里去敬献。我问他，这蜡烛是自己点的吗，男孩点头称是，接着我又问他：'蜡烛点燃就会发光，而在未燃之前，蜡烛是不会发光的，那么你知道这光是从哪里来的吗？'小男孩笑着吹灭了蜡烛，反问我：'我现在把蜡烛吹灭了。你能告诉我，那蜡烛的光跑到哪里去了吗？'

"男孩的回答瞬间粉碎了我自以为是的傲慢，让我自视渊博的学问顿时化为乌有。那一刻，我真切感受到自己的无知和浅薄。

"其实，只要你用心，万事万物都是你的老师，它们会告诉你想知道的一切，只要你愿意去学习。"

　　在世间，万事万物都是神圣的存在，它们是相互联系、密不可分的。当我们探索这种关系，觉察到里面的深意义时，你会发现，原来一切安排自有其美意，生命的辉煌或许就在这周围最不起眼甚至被你忽视的事物之中，它们都是你应该终生虚心学习的老师，让你从秋毫之处洞见真知，明白世界虽然广袤生命却不渺小的真谛。

不要对最熟悉的人
和事物熟视无睹

其实幸福不是拿到了世上最好的东西，而是珍惜了身边已经拥有的人。

不要对最熟悉的事物熟视无睹，什么是我们最熟悉的事物呢？可能就是我们最容易忽略的亲人、朋友、爱情、时间、工作、身体等等。这一切成就了现在的我们，没有了这一切，我们只是孤家寡人，寸步难行。如果我们忽略了与我们最有缘的事物，那么就等于将幸福从身边推开。只有珍惜与重视，人生才会平安喜乐。

朝圣的路上从不回头，到彼岸是我们的重点。生命本是一场漂泊的漫旅，遇见了谁都是一个美丽的意外，我珍惜着每一个可以让我称作朋友的人，因为那是可以让漂泊的心驻足的地方。

有时候会被一段话感动，因为真诚；有时候会为一首歌流泪，因为动情；有时候会把回忆当成习惯，因为牵挂。

希望你快乐，不是此时，而是一生。

第八章

终归是初心

打扫欲望的垃圾
——念念淡忘，念念欢喜

　　人总是喜欢追忆，喜欢回顾，喜欢眷恋……但在痴迷之后，某一天却豁然发现，曾经以为念念不忘的事情，就在我们念念不忘的过程中，已慢慢淡忘，成为不能再现的往事。

　　人生，其实就是这样，无奈但又必须去接受，伤心但又必须面对。所以我们要学会放下，学会淡然，把握能感受到的感动，那么生活就会永远充满快乐。

　　其实，无论是佛说的放下，还是我们平日说的为自己的生活做减法，其根本都在于提醒我们要卸下心灵里堆砌的过多欲望垃圾。

　　有一则报道说，美国一位"网红"明星宣布彻底注销她在网上的所有社交账号，并且删除曾经发布的内容，包括曾经光彩照人的2000多张照片，也告别了难以计数的服饰赞助，以及滚滚而来的收入。她亲手终结了自己为之奋斗3年的

"成功"，告别了她以前相信一旦拥有就会"一辈子忠实"的上百万的粉丝。

她回忆起自己几年来的明星生涯：最初的兴奋，成功时的喜悦，伪装时的挣扎，替赞助商诱导粉丝消费时的罪恶感，对"点赞"和"播放量"上瘾般不能自拔。实际她还不到19岁，却好像过了一生。

对此，她说道："我曾有梦幻般的生活，我手里有很多赞助，很多粉丝，很多点赞量，很多播放量，但我永远无法满足。我竭尽所能，只希望告诉世界'我很重要，我美丽，我酷'。为了一张瀑布下的倩影，我忍受自己不停地被水淋，拍了100多张照片才选出一张满意的。我并不是鼓励所有人都要放弃社交媒体，准确地说是过去我使用它的方式，是不真实的。"

她开始了一项前所未有的试验：关掉社交网络；保持素颜；除了学习，不使用电子媒体；每两天做一次45分钟的锻炼，每天进行15分钟的冥想。、

后来她总结说："我无法告诉你我现在有多自由。我再也不会用数字来定义我。人们与你交谈、分享，不再是因为你好看，而是因为你说了什么、做了什么或创造了什么。"

生活可以复杂，可以简单，全看我们拥有怎样的心态，简单就真实，平淡就淡然。没有虚伪，不戴面具；不去张扬，甘愿淡泊，真心、真情、真实。荣也好，辱也罢，一切都会过去。

『杂念愈多，
人的需氧量就愈多』

　　登山运动是一项艰苦而危险的运动，被登山界公认的死
亡线，就是海拔 6500 米的高度。一旦超过了这个高度，登山
的人一定要携带足够的氧气，否则就会缺氧而死。

　　美国人蒙克夫·基德创新了奇迹，他没有携带氧气瓶，多
次跨过 6500 米死亡线，并且，登上了世界上第二高峰——海
拔 8611 米的乔戈里峰。他并不是超人，之所以不带氧气瓶却
能越过死亡线，是因为他发现了其中的奥秘。

　　在一次记者招待会上，他说："我认为无氧登山的最大障
碍是欲望，因为在山顶上，任何一个小小的杂念都会使你感觉
到需要更多的氧气。要想登上峰顶，就必须学会清除杂念，脑
子里杂念愈少，你的需氧量就愈少；欲念愈多，你的需氧量就
愈多。在空气极度稀薄的情况下，为了登上峰巅，为了使四肢
获得更多的氧，必须学会排除一切欲望和杂念。"

所谓修行，就是修自己的心态，心态平静，大脑才无杂念。当一个人心性不稳定的时候，会产生很多非想，甚至胡思乱想，把自己的心灵搅得像一堆乱草。

在印度某一朝代，国王想物色一个能胜任宰相的人。终于找到了一个合适的人选，为了考验他，国王先说要杀他，后经人求情，国王才松口，但下令他端着一个盛满了油的盘子，从东城走到西城，不准掉出一滴，否则杀头。

这个人端着盘子走在路上时，他的父母妻子在一旁哭，他视若无睹。有极美的女人从他身边走过，周围人都在驻足观赏，他看都没看一眼。后来忽然冲来了一头疯象，吓得满街的人四散乱跑，可是他只一心一意端着盘子，好像什么也没有发生。不久，又遇到皇宫失火，呼声不迭，场面纷乱不堪，殿梁上的马蜂窝被火烧着了，马蜂飞出到处蜇人。这人虽然被蜇了，可是始终没有什么反应，仍然专心致志地捧着油盘往前走。最后，他竟然平稳地到达了目的地，一滴油也没有滴下来。国王对身边大臣说："这个人做事专注到如此程度，即使是喜马拉雅山也可以平下来。"便下令任用他做宰相。

有一颗专注、全然忘我的心，便可以克服生命中的任何关隘。

平常心的人生
无处不是坦途

做人做事，最好的状态就是不刻意。不刻意自我表现，也不刻意淡泊名利；不刻意迎合，也不刻意狂妄；不刻意追逐流行，也不刻意格格不入。如是则不心累，不纠结不失望。

世上既无所谓快乐，或也无所谓痛苦，只有一种状况与另一种状况的比较。别害怕苦，不苦的人生肯定不甜。

不刻意，以平常心对待生活，生活，将无处不是胜境；识得进退，懂得回归，以平常心对待人生，人生，将无处不是坦途。

有一位禅师是南方人，非常喜爱树木花草，所住的山间道场边总种有许多奇花异树。

有一天，禅师在山中巡视，正坐在一块大石头上休息，身边的两个徒弟却为了一棵大树争执起来。

一个徒弟说："这棵树叫香樟，有 30 年的树龄了。"

另一个却说："不对，它叫牛樟，不会超过 30 年的。"

"这种香味，一闻就知道是香樟。"

"但是牛樟也有香味啊。"

就这样，两个徒弟互不相让，争得不可开交。

争论不休时，两个人找禅师问道："师父，您来判定一下我们谁说的对。"

不料禅师却说："我耳朵聋了，眼睛也不好使了，听不到你们在讲什么。"

两个徒弟一脸茫然，他们明知道师父一向耳聪目明，怎么会忽然说自己耳聋眼瞎了呢？

接着，禅师又说道："一切都随它去吧！"

时过境迁，原来认为过不去的坎，在现在看来，已经微不足道，如云烟散去，只因当时有一颗越不过去的心。多少的世间争端，无不来自执着、迷惑的心，让你无法领受到人生的富足和喜乐。少计较人间的是非，少一分计较，多一分平和，多一分感受生活之美的心境。

真正的机会，
最初都是朴素的

机会对于任何人都是公平的，它在我们身边的时候，不是打扮得花枝招展，而是普普通通，根本就不起眼。看起来耀眼的机会，很多时候都不是机会，也许是陷阱。

真正的机会，最初都是朴素的，只有经过主动的捕捉与勤奋的努力，它才会变得格外绚烂。机会从来都是留给有准备的人！

有一位著名的哲学家说："当今，整个社会把追求物质丰富作为一个主要的目标，并持续为之努力；相比之下，心灵的建设明显滞后，人际关系愈来愈紧张，人们变得非常自私，各自以自我为中心，无视别人的存在。在社会的各个方面都可以看出人们心灵的贫乏和荒废。简言之，整个社会被人际利害关系和个体所笼罩，人们丧失了'朴素之心'。"

有一个皇帝想要整修京城里的一座大寺庙，他派人去找技艺高超的工匠，希望能够把寺庙装修得美丽而又庄严。

大臣找来了两组人员，其中一组是京城里最有名的工匠，另外一组则是僧人。由于没办法判定哪一组人员的技艺更好，于是他决定让他们比试一下：每一组人员先各自整修一座小寺庙，三天后，由皇帝来看效果如何。

第一组工匠向皇帝要了上百种颜料和工具，而第二组的僧人只要了抹布与水桶等清洁用具，令人很不解。

三天之后，皇帝来到了他们分别装修好的寺庙。

工匠们用了非常多的颜料，用非常高超的手艺把寺庙装饰得五颜六色、美丽而醒目，皇帝对此非常满意。

紧接着他来到僧人们负责装修的寺庙，僧人们没有涂任何的颜料，他们只是把所有的墙壁、屋顶、桌椅、窗户擦拭得非常干净，寺庙中所有的物品都显现出了原来的颜色，而它们洁净的表面就像镜子一样透彻，映射出天空、树木的色彩，甚至是工匠们所装修的那寺庙，也成了这个寺庙色彩的一部分。

最后，皇帝被僧人们装修过的这座寺庙的神圣深深地震撼了，感叹道："这才是一座庙宇应有的气质，任何人工的装饰都是多余的。"

生活的本相是简单的，但要掌握这真正的本相却总要在经过无数历练之后。更多的时候，只有在我们历经那种种人生险境，领略过各种绮丽风景后，才会真正明白这个道理。

得意和痛苦时，
都要给自己留点空白

　　给自己留点空白，会使心灵更畅快地呼吸。当春风得意时，留点空白给思考，莫让得意冲昏头脑；当痛苦时，留点空白给安慰，莫让痛苦窒息心灵；当烦恼时，留点空白给快乐，烦恼就会烟消云散；当孤独时，留点空白给友谊，真诚的友谊是第二个自我。

　　留一点空白，是人生的真理；留一点空白，也是生活的智慧。

　　美国有一位专门研究寂静的专家，有人问他："什么是自然的寂静？"他答道："自然的寂静是只留下大自然以其最自然的方式发出的声音——是昆虫拍打翅膀在午后明媚的阳光中飞行的柔和曲调，是清晨喜鹊和蝉的大合唱，是大雨在茂密枝叶上震撼人心的演奏，也是清风拂过脖颈的柔和细语。"

　　引起他对寂静的关注，是有一次他外出偶然躺在玉米地里的那个夜晚，他回忆道："我躺在那里，听蟋蟀的鸣叫和各种自然的声音。半夜时分，雷声响了起来，暴风雨也紧随其后，不过，我没躲回车里，虽然浑身湿透了，但我依旧躺在那里聆听风声、雨声、雷声……突然之间，一个问题击中了我：我已经27岁了，为什么从没注意到自然界的声音这么美妙呢？"

于是，他放弃了一切，开始全身心地记录自然界的声音，后来他的研究得到了世界的关注。他的研究发现，不受噪声干扰的地方越来越少，他说："你要找一个地方，在那里你可以静坐20分钟，听不到人类活动发出的声音，这样的地方在美国不超过12个，而且越来越少。"

在他看来，寂静对人非常重要，因为"寂静滋养我们的灵魂，让我们明白自己是谁，等我们的心灵变得更乐于接纳事物，耳朵变得更加敏锐后，我们不只会更善于聆听大自然的声音，也更容易倾听彼此的心声"。

要学会与自己相处，静静聆听自己的内心，才不至于被周围种种的诱惑所污染，随时打扫一下内心的世界，安静之中蕴含着强大的能量，不但能敏锐地感知自然的美好，而且能洞察生命的真相。

一段路走了很久，依然看不到希望，那就改变方向；一件事想了很久，依然纠结于心，那就选择放下；一些人交了很久，依然感觉不到真诚，那就选择离开；一种活法，坚持了很久，依然感觉不到快乐，那就选择改变。

断、舍、离，放下过去，让心归零！

有一天，三位弟子去请教禅师："人有很多烦恼，怎么样才能让我们每天都欢喜呢？"

禅师回答："我现在问你，人生在世，你为什么想活下去？"

第一位讲："我不愿意死，对死亡的畏惧使我要活下去。"

第二位讲："因为我想追求自在快乐，享乐是我要活下去的理由。"

第三位讲："我上有父母，下有儿孙，来自家庭的责任使我必须要活下去。"

禅师讲道："三位弟子说的都有道理，但是，钱财是会用尽的，儿女总是要分散的，死亡总是要到来的。人从过去到现在，哪一个不是这样呢？这样说来，我们是否又会因为这样的得失而感到不快乐？"

我们每一个人都有类似的问题和想法，即使衣食丰足，如果没有完成更多的心愿，你也不会快乐；即使儿孙满堂，但要养活一家数口，当中有种种的困难障碍，你也无法因此快乐。

禅师接着问："你们再仔细想一想，有什么事情能够值得快乐的？"

第一位说，有钱就快乐；第二位认为，有爱情是最快乐的；第三位说，我希望有名声，名声最能够让我快乐。

禅师摇摇头，说："真正的快乐是我们的心要无挂无碍，清风自来。"

无始以来，凡夫花费大量时间勾绘理想生活的宏图，而用于观察与接受现实生活中的无常的时间则太少。宁愿相信理想，不愿承认现实，没有准备，只会蒙蔽你对现实真相的了解，以致面对现实的打击猝不及防。

所以，每个人还需思考无常带给我们的启示，如此才会对人生得失成败坦然承当，反之，若只执着于现实中的起伏动荡、喜怒哀乐，心随境迁，永远活在无明中，虽苦而不自知。

关于这一点，古代有一位禅师说得最为切要。他看到樵夫每天上山打柴，陷入劳累困顿之中，已经丧失了劳动的意义，因此感叹着说："人人各怀刀斧意，未见山花映水红。"人若不能在生活中领悟生命的"空"之美，而仅陷入于循环不止的取得和占有，被利益和欲望所主宰，便违背生活的本质，使自己成为轮回的工具。

现在所做的，就是一生中最重要的事

真正的闲，是心灵中超然物外；真正的忙，是工作里浑然忘我。

真正的退，是处世时自然低调；真正的进，是做事中泰然担当。

真正的静，是生命里寂然涤思；真正的动，是世路上毅然向前。

有一则关于著名指挥家托斯卡尼尼的趣闻。在他 80 岁高龄时，有人问他，这一生中他做过最重要的事情是什么。托斯卡尼尼答道："我现在所做的，就是一生中最重要的事，无论是指挥一支交响乐团，还是在剥一只橘子。"

不论发生任何事，不论你的人生如何改变，有件事是绝对不会不变的：你面对的永远是当下。德国哲学家奥根·赫立格尔在《弓与禅》一书中这样写道："水墨大师在开始创造艺术形象的同一瞬间,这些自由自在地挥洒画技的人,便毫发不爽地将那浮现在心灵的画面画出。内心那无形之物变成了可见之物,绘画自行完成。这里,有一句'教示'送给画家们——'十年专注看竹的人,自己也会变成竹。然后,忘掉一切;然后,画!'"这就是专注所产生的神奇力量。

一位日本茶道大师说:"放茶具的手,要有和爱人分离的心情。"把伟大的爱普及到像茶一样微小的事物上,心中有柔软的质地,时时充满着情感,对卑微的事物也要像对自己的爱人一样细心呵护。如此一来,就算没有很好的茶叶、茶具和茶水,只要你有待人的善意和爱心,也同样能受到别人的尊敬,因为茶道的至高境界正在于此。

修行的基础是专注生活,在平凡中觉察美好,在烦恼中体验祥和,在施舍中获得解脱。把注意力放在眼前的事上,全神贯注地投入每一瞬间,把每一个平常的经验——比如公园散步、写作、吃饭、恋爱等等,转变成一个真实的刹那。

当你专注时,你的感官高度灵敏,你的注意力无比细腻清晰,这时,你就能充分地捕捉和感知周围的一切,并从中深深地品味此时此刻的美妙。当你百分之百地抓住这个瞬间,你的生命会因此丰富完满,也会富含力量。

月亮比太阳低一等吗

一位著名的武士去拜访一位禅师。

"我为什么总感到低人一等？"武士问道，"我多次面对过死亡，击败过各式各样的对手。然而我一见到你在冥想修心，就会觉得我的生命如此低微，已经完全没有意义可言了。"

"你等我接待完今天要见的客人之后，再来回答你吧。"禅师回答道。

武士整整一天都坐在寺庙花园里，看着人们进进出出。他看到禅师都以同样的耐心、同样的微笑接待每一个人。

黄昏时分，当所有的人都走了，他问禅师："你现在可以开示了吗？"

大师请他进入寺庙。只见满月在空中闪烁，四周一片宁静。

"你看夜空中的月亮多么美，而当黑夜消散，第二天的太阳将会取代月亮普照大地。相比较而言，阳光要更加明亮，能够让我们看清楚身边的一草一木。但我观察它们已经很多年，却从未觉得因为月亮不如太阳那样光亮，因而低了一等。"

武士回答说："月亮和太阳是两种截然不同的美，不应该把它们两个做比较。"

"看来你已经知道答案了。我们是两个不同的人，各自以自己认可的方式为信仰努力，只要抱持正见，以求让世界变得更加美好，这些都是我们的修为。其余的只是表象而已，并无差异。"

武士听完，顿时醍醐灌顶。

有句话说"搬柴运水都是禅"，修行不只是冥想打坐，它是与生活工作融会贯通的，但凡经商、交际、学习，无一不是修行，并无实质性的差别。只要你能够体会其中的意义，并融入到日常行为之中，这就是修行，并无高下之分。

发自己的光就好，
不要吹灭别人的灯

不惊扰别人的宁静，就是一种慈悲；不伤害别人的自尊，就是一种善良。人活着，做自己该做的事，发自己的光就好，不要吹灭别人的灯。

包容别人是一种修养，不是懦弱，也不是胆怯，而是谅人所难，扬人所长，补人之短，恕人之过。包容是一种美德，也是一种善待。善待别人的同时，也是善待自己。

有一位诗人曾经写了不少的诗，也有了一定的名气，可他还有相当一部分诗却没有发表出来，也无人欣赏。为此，诗人很苦恼。

诗人的朋友，是一位禅师。这一天，诗人再次向禅师说了自己的苦恼。禅师指着窗外一株茂盛的植物说："那是什么花？"诗人看了后说："夜来香。"禅师说："没错，这夜来香只在夜晚开放，所以大家才叫它夜来香。那你知道，夜来香为什么不在白天开放，而在夜晚开放呢？"诗人想不出理由。

　　禅师说："夜晚开花无人注意，因为它开放，只不过为了取悦自己。"诗人不解道："没听说过花开是为了取悦自己。"禅师解释道："白天开放的花，是为了引人注目，得到他人的赞赏。而夜来香在无人欣赏的情况下，依然默默开放，孤芳自赏，并不在乎有没有人关注。"

　　禅师接着说："许多人，总是把自己快乐的钥匙交给别人，自己所做的一切，不过是为了取悦别人，让别人来赞赏，好像只有这样才能快乐起来。其实，我们应该为自己而活，何必在意他人的意见。"诗人点头道："你说的没错，一个人不是活给别人看的，而是为自己而活，要做一个真实的自己。"

　　禅师最后说："一个人只有取悦自己，才能不放弃自己；只有取悦了自己，才能提升自己；只有取悦了自己，才能影响他人。夜来香虽然是夜晚开放，可我们依然会感受到它的美丽和芳香。"

在寂静中，听见智慧之音

活着注定要经历，生命中有太多的不尽人意，更无法维护每一个尽善尽美。既然如此，不如怀一颗宁静心，给生命一个浅释，还它一份淡泊。

一颗放空的心，才能得到智慧的浇灌。心原本是清净的，可是我们往里面塞了很多不必要的东西，心易污，不易净，需要时时刻刻地调整和清理。

从前，有位充满智慧的法师，他善于讲法且待人宽厚，有一座小村庄邀请他来讲法。在隆重的仪式过后，法师站在讲台上，他问道："很高兴能在这里给大家说法，但我想问一下，我今天要讲的内容你们知道吗？"

村民们回应道："知道！"

于是法师道："很好，既然大家都知道了，我也就没什么可讲的了。"接着他下台就走了。

村民们很失望，再一次请法师来讲法。法师上台后，又问了同样的问题。这次大家有了准备，于是回答道："我们什么也不知道！"

令人意外的是，法师说："既然你们什么也不知道，那么我讲了也白讲。"接着就再次离开讲台走了。

村民们实在不甘心，又想办法把法师请回来。法师这次仍然又问起一样的问题，村民们中有一半人说"知道"，另一半人说"不知道"。

没想到，法师这次却说："让知道的人告诉不知道的人就可以了。"当大家不知所措的时候，法师又离去了。

村里的人决定再试一次，第四次把法师请来。当他又问起了那个恼人的问题时，这次谁也没说话，现场陷入一片寂静之中。法师缓缓地说："很好，只有在寂静中，才能听得见智慧的声音，而这就是我要讲给大家的法。"

真正的平静，不是你静坐可以几个小时不起，而是用一颗平和的心态看人间万象，真正放空你的心，才能聆听到智慧的声音。平静来自内心，勿向外求。花开有声，风过无痕。坐亦禅，行亦禅，缘起即灭，缘生已空，不要刻意追逐。

我们只有一个今天

　　昨天再美好，终究已浓缩成今天的回忆；我们再无奈，也阻挡不了时间匆忙的步履。

　　今天再精彩，也会拼凑成明天的历史；我们再执着，也拒绝不了岁月侵蚀的痕迹。

　　我们想念昨天，因为它融解了一切美好的向往，但过去已经定格，就将它尘封吧。只有努力书写好今天，明天的回忆才能美好与无憾。

　　每一天，每一年，我们都活在痛苦与快乐的轮回中……我们最难接受的，往往不是无常，而是看似平淡的日子，让我们觉得了无生趣。殊不知，生活的真谛就隐藏在这些淡而无味的日子里。

　　一个年轻人去寻访住在深山里的法师，向他请教一些他认为重要的人生问题。

年轻人问道："请问大师，在人的一生中，哪一天最重要？是出生日还是死亡日？是受到重大挫折的那一天，还是事业成功的那一天？"

法师不假思索地答道："你说的都不是，其实生命中最重要的就是今天。"

年轻人好奇地问："为什么这么讲？难道今天发生了什么惊天动地的大事了吗？"

"今天什么事也没有发生。"

"那今天重要是不是因为我的来访？"

"即使你没有来，今天仍然很重要，因为我们只有一个今天。不论昨天有多么美好，值得回味，它都像沉船一样沉入海底，永远和我们告别了；明天不论多么精彩，毕竟它还没有到来，永远在路上；而今天不论多么平淡无奇，多么令人难受，只有它在我们手里握着，由我们支配使用。"

年轻人还想继续追问，法师收住了话头说："我们在谈论今天的重要时，已经浪费了我们的'今天'，我们拥有的'今天'已经减少了许多，你还是好好想想如何用好你的'今天'吧。"

不论谁，只要用生活的每一刻、每一天、每一年来增长智慧，增进慈悲心或自在心，应该都是从当下这一刻所发生的事而习得的。解脱如是可能，那一定是在当下，当下即是解脱的时刻。如果我们未来会活得很快乐，那是因为我们现在渴望并努力活得快乐，我们的所作所为都在累积，未来就是现在所作所为的结果。

爱，最终会循环到自己身上

现在所做的，就是一生中最重要的事